教育部人文社会科学研究项目“个人学习空间提升大学生
网络学习自我效能感的研究”(14YJA880077)资助

网络空间与学习创新

谢幼如　罗胜涛　著

科学出版社
北京

内 容 简 介

网络学习空间建设是教育信息化2.0的核心任务，是实现“人人皆学、处处能学、时时可学”的基础设施，同时也是构建网络化、数字化、个性化、终身化的教育体系与推动教育教学模式创新的有效途径。本书包括网络空间与学习创新概述、网络学习空间的建设研究、网络学习空间提升自我效能感研究、基于网络学习空间的学习创新研究四章。

本书可供教育技术领域的工作者及研究者阅读。同时，本书也可供广大高等学校和中小学的学科教师、教学研究人员、教育信息化从业人员使用。

图书在版编目（CIP）数据

网络空间与学习创新 / 谢幼如，罗胜涛著. —北京：科学出版社，2019.12

ISBN 978-7-03-063759-8

Ⅰ. ①网… Ⅱ. ①谢… ②罗… Ⅲ. ①网络教学-教学研究 Ⅳ. ①G434

中国版本图书馆 CIP 数据核字（2019）第 281084 号

责任编辑：乔宇尚 张春贺 / 责任校对：王晓茜
责任印制：张 伟 / 封面设计：华路天然设计工作室

科学出版社出版
北京东黄城根北街16号
邮政编码：100717
http://www.sciencep.com
北京虎彩文化传播有限公司 印刷
科学出版社发行 各地新华书店经销
*
2019年12月第 一 版 开本：720×1000 B5
2023年11月第五次印刷 印张：12 1/4
字数：207 000

定价：69.00 元

（如有印装质量问题，我社负责调换）

序

当前，新一轮科技革命和产业变革加速发展，互联网、云计算、大数据、人工智能、虚拟现实、物联网、第五代移动通信等新技术深刻改变了人们的生产、生活、学习方式。信息技术在教育行业的广泛应用，促使传统教学环境不断向网络拓展，提供了一种人与技术高度协同的“人-技”结合、以学习者为中心的新型教与学的活动场所。通过多空间的全面衔接，构建了线上线下连通、实体课堂虚拟课堂一体化的、“人人皆学、处处能学、时时可学”的混合式泛在教学环境。这显示出以物理空间和网络空间高度融合为特征的新型教学环境能有力支持学生个性化、泛在化学习，进而助力实现学习主体可理解、学习服务可定制、教学情境可计算的因材施教的智能化教学。

“网络学习空间人人通”是我国教育信息化“三通”工程的重要组成部分。建设应用网络学习空间，旨在引领教与学的模式创新，推动教育信息化转段升级发展。网络学习空间以个性化、开放性、联通性和适应性为主要特征，可以有效聚合学习过程和教育管理数据，以此为基础开展学情分析诊断和个性化学习服务，并有力支持教育精细化管理和科学决策。然而，在网络学习空间建设应用的过程中，我们还面临一系列理论与实践问题有待研究解决。如何构建适应未来教育生态的新型学习空间，进而创新教育供给模式和人才培养方式，培养大批创新人才，已成为我国教育事业发展面临的挑战。

十年磨一剑，砺得梅花香。华南师范大学谢幼如教授带领其硕士、博士研究生及团队骨干教师，历经 10 年的探索，依托教育部人文社会科学研究项目“个人学习空间提升大学生网络学习自我效能感的研究”（14YJA880077）和教育部政策法规司委托课题“信息化背景下未来教育研究”（JYBZFS2018115）等重要项目，面向珠三角地区高校和中小学，围绕网络学习空间建设与应用问题开展了持续研究。

作者面向教育信息化 2.0 阶段发展需求，从推进网络学习空间规模化、有效应用的角度出发，在理论研究层面明晰了新阶段网络学习空间价值取向及功能特征，在技术层面展现了网络学习空间设计理念与顶层规划等重点问题，在应用层面围绕基于空间的课程创新、课堂翻转等开展了一系列实践研究。

《网络空间与学习创新》一书是我国网络学习空间理论探索和实践研究进程中的创新成果，该书的出版为教育信息化 2.0 阶段进一步深入推进“三通两平台”建设，实现网络学习空间的广泛、深入应用提供了支持。我相信，该书的出版能够为新时代我国网络学习空间的建设与应用提供有益借鉴。

国家数字化学习工程技术研究中心主任　教授

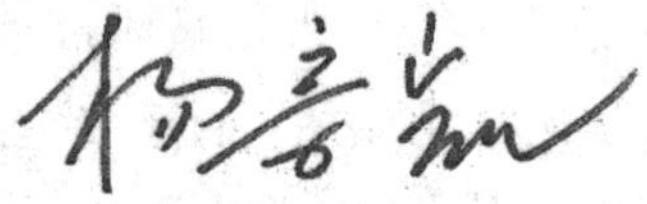

2019 年 11 月

前　言

网络学习空间建设是“三通两平台”工程的核心任务，是落实教育信息化 2.0 行动计划的重要行动。网络学习空间是指由教育主管部门或学校认定的，集资源、服务、数据为一体，支持共享、交互、创新的实名制网络学习场所。“网络学习空间人人通”是新时代教育供给模式的核心思想，是推进教育现代化和教育强国建设的关键抓手，是实现“人人皆学、处处能学、时时可学”的基础设施，同时也是构建网络化、数字化、个性化、终身化的教育体系与推动教育教学模式创新的有效途径。

近十年来，本研究团队依托教育部人文社会科学研究项目“个人学习空间提升大学生网络学习自我效能感的研究”（14YJA880077）、广东省哲学社会科学“十一五”规划教育学心理学项目 “大学生网络学习自我效能感影响学习绩效的实验研究”（08SJY014）和“广州市网络学习空间创新应用推广”等开展相关研究与实践，特别是近年来发表了一系列学术论文，如《网络学习空间提升自我效能感的效果研究》（《中国电化教育》，2016 年 1 期）、《PLS 提升大学生网络学习自我效能感的行为模式研究》（《电化教育研究》，2015 年 6 期）、《网络空间支持的中小学创客教学模式研究》（《电化教育研究》，2017 年 1 期）、《网络学习空间建设应用新范式：知识生成视角》（《中国电化教育》，2018 年 9 期）等，有效推动了网络学习空间的建设与创新应用。

本书是笔者携罗胜涛、黎佳、邱艺、伍文燕、杨晓彤、倪妙珊、盛创新、王芹磊、赖慧语、李世杰、杨阳、尹睿、刘春华、李丹飒、朱静静等老师和硕士、博士研究生，历经十年的研究与实践，将相关成果归纳总结而形成的。

全书共四章。第一章，网络空间与学习创新概述，包括教育信息化 2.0 时代的网络学习空间和基于网络学习空间的教育变革；第二章，网络学习空间的建设研究，包括网络学习空间建设的理念与规划、架构与规范、开发与建设、安全与运维、未来与展望；第三章，网络学习空间提升自我效能感研究，包括网络学习自我效能感的研究、网络学习空间提升自我效能感的策略研究、网络学习空间提升自我效能感的行为模式、网络学习空间提升自我效能感的效果分析；第四章，基于网络学习空间的学习创新研究，包括基于网络学习空间的课程创新、基于网络学习空间的翻转课堂、基于网络学习空间的个性化学习、基于网络学习空间的知识生成、基于网络学习空间的好奇心培养。

本书由笔者主持撰写，广州市教育信息中心（广州市电化教育馆）罗胜涛高级工程师负责第二章内容的撰写，华南师范大学研究生黎佳、邱艺、王芹磊、赖慧语等积极参与了部分内容的撰写和整理工作，在此表示感谢！

在本书撰写过程中，得到西安电子科技大学校长、华中师范大学国家数字化学习工程技术研究中心和教育大数据应用技术国家工程实验室主任、教育部高等学校教学信息化与教学方法创新指导委员会主任委员杨宗凯教授的热情指导和大力支持。杨校长在百忙中还为本书作序，在此表示诚挚的感谢！

由于教育信息化发展迅猛，网络学习空间的建设与应用还有待于在实践中进一步探索完善，加之时间仓促，水平有限，本书难免存在不足之处，希望广大读者予以批评指正。

谢幼如

2019 年 8 月

目　录

第一章　网络空间与学习创新概述

第一节　教育信息化 2.0 时代的网络学习空间

为加快教育现代化和教育强国建设，推动新时代教育信息化发展，培育创新驱动发展新引擎，结合国家“互联网+”、大数据、新一代人工智能等重大战略的任务安排，教育部研究制定了《教育信息化 2.0 行动计划》。新时代背景下，我们需要站在新的历史起点，聚焦新时代对人才培养的新需求，强化以能力为先的人才培养理念，将教育信息化作为教育系统性变革的内生变量，支撑引领教育现代化发展，推动教育理念更新、模式变革、体系重构，以促使我国教育信息化发展水平走在世界前列。

网络学习空间是指由教育主管部门或学校认定的，集资源、服务、数据为一体，支持共享、交互、创新的实名制网络学习场所。作为《教育信息化 2.0 行动计划》的重要任务之一，网络学习空间覆盖行动的目的在于保障全体教师和适龄学生“人人有空间”，实现“人人用空间”。“网络学习空间人人通”是“三通两平台”的重要组成部分，是构建网络化、数字化、个性化、终身化的教育体系与推动教育教学模式创新的有效途径。为适应教育信息化 2.0 时代的现实需求，网络学习空间的价值取向与功能特征发生了新的变化。以落实立德树人根本任务、培养学生核心素养与关键能力、促进学生个性发展为价值取向，以个性化、互联互通、开放共享、共创共生为功能特征的网络学习空间，在培养德智体美全面发展的社会主义建设者和接班人方面发挥着重要作用。

一、网络学习空间的价值取向

（一）落实立德树人根本任务

党的十八大报告强调，“把立德树人作为教育的根本任务，培养德智体美全面发展的社会主义建设者和接班人”，并首次将“立德树人”写入党的全国代表大会报告中，明确了新时期教育的根本任务。十九大报告指出，“建设教育强国是中华民族伟大复兴的基础工程，必须把教育事业放在优先位置，加快教育现代化，办好人民满意的教育”。同时，“要全面贯彻党的教育方针，落实立德树人根本任务，发展素质教育，推进教育公平，培养德智体美全面发展的社会主义建设者和接班人”。党的十九大报告提出“加快教育现代化”，并再次强调“落实立德树人根本任务”，说明党对教育现代化的进一步重视，对教育本质的认识进一步深入。立德树人不仅是新时代人才培养的本质要求，是中国特色社会主义教育事业发展的关键所在，也是网络学习空间建设与应用的核心价值取向。

（二）培养学生核心素养与关键能力

培养学生核心素养与关键能力不仅是网络学习空间建设与应用的立足点，也是展现网络学习空间建设与应用成效的重要标志。网络学习空间的建设不应局限于基础设施的建设，而应该通过基础设施建设重构学习情境，建立“人人皆学、处处能学、时时可学”的泛在学习环境，推动正式学习与非正式学习、线上学习与线下学习融合，实现有效支持个性化、适应性学习的智能化学习支持环境的构建。同时，网络学习空间也能优化资源供给，借助教育资源公共服务平台，采用共建共享方式，汇聚满足学生需求、适应教师发展、提升学校水平的优质资源；能够促进教学模式变革，支持个性化教学、翻转课堂教学、混合教学、可视化教学、生成性教学、创客教学模式等，推进教学方式由以教为主向以学为主转变，从单一传统的教学方式向多样现代化的学习方式转变；能够重塑评价方式，促进结果导向由单一评价方式向综合多元的全过程评价转变；能够创新服务模式，促进从面向群体共性无差别的供给向个性精准智能化转变。利用网络学习空间重构学习环境、优化资源供给、变革教学模式、重塑评价方式、创新服务模式、提升治理水平，其最终目的在于培养学生核心素养与关键能力。相比传统教育中的知识教学，学生核心素养与关键能力培养更能满足社会发展的现实诉求，更符合教育信息化 2.0 时代的目标要求。在教育信息化 2.0 时代背景下，教师应重视网络学习空间的建设与应用对教育教学改革的支撑与服务作用，聚焦利用网络学习空间解决教育教学过程中的难点问题与核心问题，发挥学生的自主性与能动性，从而帮助学生树立实践创新与责任担当意识，培养学生的阅读能力、思考能力、解决复杂问题的能力和沟通表达能力等。

（三）促进学生个性化发展

随着科学技术发展的日新月异，第五代移动通信技术（5G）、人工智能技术、互联网技术、大数据技术等现代信息技术深刻改变着教育教学方式，建设“人人皆学、处处能学、时时可学”的学习型社会，尊重学生个性化差异，促进学生个性化发展，培养各具特色的创新型人才成为我国社会面临的重大难题。作为我国教育信息化建设的重要内容，网络学习空间使泛在学习环境建设与学生个性化发展成为可能。在教育信息化 2.0 时代背景下，网络学习空间能借助人工智能技术、大数据技术、学习分析等技术，构建包括知识水平、认知风格、学习动机、学习兴趣等在内的学习者特征模型，然后根据学生的个性化特征与学习需求，提供个性化学习支持服务，包括制定个性化学习路径、推送个性化学习资源、提供个性化学习帮助、开展个性化学习评价，以促进学生个性化发展。

二、网络学习空间的功能特征

网络学习空间是指由教育主管部门或学校认定的，集资源、服务、数据为一体，支持共享、交互、创新的实名制网络学习场所。网络学习空间建设与应用，旨在通过创新教育服务模式，促进教育体制机制变革，推动教育信息化升级转型，最终实现学生核心素养发展与关键能力培养。在教育信息化 2.0 时代背景下，网络学习空间具有个性化、开放共享、互联互通、共创共享等特点。

（一）个性化

网络学习空间作为学生学习与成长的重要学习环境，以学生个性化发展作为主要目标之一。网络学习空间的个性化特点主要体现在应用层面上，即功能个性化、服务个性化两个方面。功能个性化主要是指学生可自由选择网络学习空间的功能，可以根据自己的需要套用系统模板，可以自行修改系统模板，也可以复制他人的模板，还可以自行设计功能模板。此外，学生还可以对网络学习空间中的界面颜色、风格、布局进行自我设计与调整，以充分体现学生的个性化特征。服务个性化是指网络学习空间能够智能化感知学生的个人信息，如学习需求、行为习惯，也能够感知学生的学习偏好，如学习的时间、地点等。网络学习空间根据学生的个性特征，能够智能化地推送动态资源、工具和服务，帮助学习者自主安排学习节奏与步伐，实现学生的个性化发展。网络学习空间作为一个整体存在，能够和学生的个性特征相适应。学生的个人网络空间在应用层面上千差万别，能够为学生的学习提供量身定做的个性化支持服务，从而帮助学生实现个性成长与发展。

（二）互联互通

互联互通是网络学习空间建设与应用的重要基础。一方面，互联互通要求网络学习空间的内部要素产生联通，如空间与资源联通、空间与工具联通、空间与服务联通、空间与人联通、空间与技术联通、教与学联通、空间与空间联通、资源与资源联通、资源与人联通、学习与生活联通；另一方面，互联互通要求每一个拥有虚拟空间的个体能够相互产生联系，如学生与学生、学生与教师、学生与家长、教师与教师、教师与家长、家长与家长之间的交互路径是畅通的，从而实现基于网络学习空间的信息沟通。资源、工具、服务与人都是构成网络学习空间的重要成分，空间与它们之间的联通，是实现网络学习空间基本功能的立足点。空间与资源、工具、服务的联系程度越高，其作用效果就越好。教与学联通，实现了非正式学习与正式学习的对接，为个性化学习提供教学辅助支持。资源与资源、资源与人、学习与生活联通实现了个性化资源网络和人际网络的实时拓展与更新。其中资源与资源的联通便于用户快速发现语义相关的资源，起到知识导航的作用。资源与人的联通可发现与资源紧密相关的用户，增强学习者的归属感。学习与生活的联通则充分彰显了空间的“磁性”和“黏性”，通过与生活、学习等事务方方面面的联通，空间成为人们普遍的学习方式和生活方式，实现了“人人用、人人通”。

（三）开放共享

从生态学习的视角来看，网络学习空间是一个开放共享的学习生态系统。在这个开放共享的学习生态系统中，能够不断融合新的思想、新的观点、新的主意，能够共享信息、资源、工具等，从而不断发展、不断完善自身结构。一般来说，网络学习空间的开放共享主要体现在资源的开放性和空间的开放性上。一方面，网络学习空间的学习者能够沟通交流、合作互助，同时能够参与内容的查询拷贝、编辑处理、加工重组与开放共享；另一方面，网络学习空间能与其他系统及系统中的资源、工具、服务等无缝连接，从而实现跨系统情境下的资源、人、工具的智能聚合。网络学习空间需要保持开放共享状态，不断融入新的理念、新的技术、新的资源，才能够在面对社会新需求的挑战时取得持续性与长久性的发展。

（四）共创共生

随着5G、人工智能技术的日渐成熟，新技术在教育领域中也发挥了越来越重要的作用。新时代网络学习空间的建设与应用融合了新兴信息技术，从而呈现开放、共享、共创、共生的良性循环。网络学习空间的重要特征之一是支持学习者共同创造，实现资源的快速生长与迭代，从而进入一种“自组织-超循环”状态。在网络学习空间环境下，学习者能够借助非线性、超文本等资源，联结学习共同体智慧，形成更强的创造性学习能力，并由此产生一系列的信息、资源与知识。

第二节　基于网络学习空间的教育变革

教育信息化是衡量一个国家和地区教育发展水平的重要标志。自 2012 年提出“三通两平台”以后，网络学习空间的建设与应用一直受到广大研究者的关注。2018 年 4 月，教育部发布《教育信息化 2.0 行动计划》，明确指出普及推广网络学习空间应用，推进网络学习空间在网络教学、资源共享、教育管理、综合素质评价等方面的应用。紧接着，教育部发布《网络学习空间建设与应用指南》，规范了网络学习空间建设要求，明确了网络学习空间应用的基本任务。2019 年 1 月，教育部发布《关于加强网络学习空间建设与应用的指导意见》，以促进学校综合运用信息技术解决教育教学实际问题，实现基于空间的教与学应用、教学管理、教育治理的常态化，加快推进“人人皆学、处处能学、时时可学”的学习型社会建设。教育信息化 2.0 时代，以教材为中心、教师为中心、教室为中心的传统教育已无法满足新时代的发展需要。作为信息技术与教育教学融合的学习场所，网络学习空间在促进学习环境、学习方式、学习模式与学习生态变革等方面发挥着重要作用。

一、学习环境的变革

学习环境是教与学的基本载体，是教与学过程中必须依赖的时空条件，是个人或群体开展学习活动的重要空间。其中学习资源和人际关系是学习环境的重要组成成分。学习资源主要包括教材、认知工具等；人际关系是指学习者与学习者、学习者与教师、学习者与家长、学习者与管理人员、教师与教师、教师与家长、教师与管理者等的人际交往活动。随着 5G、人工智能、大数据、物联网、云计算等新兴技术在教育领域中的应用，学习环境不再局限于物理空间，而拓展为物理学习环境、资源学习环境、情感学习环境、虚拟学习环境等交融的一体化环境。由此可知，网络学习空间的建设与应用能够有效变革学习环境，形成“人人皆学、处处能学、时时可学”的泛在学习环境，以适应教育信息化 2.0 时代背景下教与学的需求，推动正式学习与非正式学习的融合。同时，在该学习环境下，学习者能够在任何时间、任何地点，借助任何计算设备获取任何所需的学习资源，享受无处不在的学习服务过程。比如，学习者可以借助智能终端设备，方便快捷地搜寻、查找所需的学习资源；可以与其他学习者、教师、专家等进行同步或异步的沟通交流；也可以在学习过程中使用概念图、语义网络、可视化软件等认知工具发展高阶思维；还可以借助电子学档记录学习行为全过程，从而发现存在的学习问题，提出解决的方案，实现个性化发展与成长。

二、学习方式的变革

学习方式是指学习者在学习活动中所采取的手段、措施或策略。一般来说，学习方式具有多样性、适应性和稳定性等特点。在教育教学实践活动中，不同学习者的学习风格、偏好往往存在着差异，因而形成了各种类型的学习方式。学习者的学习方式不易随着学习内容、学习环境的变化而变化，具有相对的稳定性。而学生的学习方式与教师的教学方式息息相关，教师在教学的过程中采用什么样的教学方式，学生在学习的过程中就会采用什么样的学习方式。随着信息技术与教育教学的深度融合，学生的学习方式发生了深刻的变化。网络学习空间作为学生学习的重要场所，凭借其个性化、互联互通、开放共享、共创共生等特点改变了教师教学方式，使之实现了线上线下相结合，支撑自主、合作、探究学习，促使教学方式从以教为主向以学为主转变，促使学生从单一、被动的学习方式向多样化、个性化的学习方式转变。同时，在网络学习空间环境下，学生能够采用协作学习方式、网络学习方式等，从而着力提升学习效率。

三、学习模式的变革

课堂是教学的主战场，也是走好教育信息化“最后一公里”的关键。在教育信息化 2.0 时代背景下，网络学习空间的建设与应用改变了传统学习模式，倡导以个性化学习、混合式学习、合作式学习、探究式学习等为代表的新型学习模式。网络学习空间支持的个性化学习模式是指在充分尊重学生学习个体差异的前提下，利用网络学习空间实现其个性化提升而开展的教学活动。网络学习空间支持的混合式学习模式是指在应用网络学习空间时，将面对面和在线学习两种方式有机结合，实现以学生为中心的混合泛在学习。网络学习空间支持的合作式学习模式是指学生为了完成共同的任务，借助交流互动工具、协作工具等，进行有明确责任分工的互助性学习。在合作学习的过程中，小组成员相互配合、相互合作、共同进步。网络学习空间支持的探究式学习模式是指学生在教师指导下，根据社会生活的实际选择确定探究课题，并采用科学的方式主动获取知识、应用知识，从而解决现实问题的一种学习方式。此外，学生在依托网络学习空间开展学习时，可以利用空间功能参与课内外学习活动、研学活动，组建学习共同体，从而实现跨班级、跨学校、跨区域的交互活动，提升学习效果；同时学生还可以利用网络学习空间中丰富多元的资源与服务，提升自我创新意识、创新能力与解决问题的能力。教育信息化 2.0 时代背景下，学生的学习模式不再局限于传统课堂，而具有适应现代信息发展、符合社会现实需求、促进学生高效学习等特点。

四、学习生态的变革

教育是民族振兴、社会进步的重要基石，是功在当代、利在千秋的德政工程。新时代，我们站在新的历史起点，必须聚焦新时代对人才培养的新需求，强化以能力为先的人才培养理念，将教育信息化作为教育系统性变革的内生变量，支撑、引领教育现代化发展，推动教育理念更新、模式变革、体系重构。作为教育信息化 2.0 行动计划的重要任务之一，网络学习空间的建设与应用能够贯通教学、管理与评价的各个方面，从而变革学习生态。具体来说，网络学习空间促进学习生态的变革主要体现在形成“人人皆学、处处能学、时时可学”的泛在学习环境；作为数字教育资源公共服务体系共享服务的主要渠道，承载先进文化建设和家校共育、校企共建的有效工具，实现基于网络学习空间支持的教与学应用、教学管理、教学治理的常态化应用。

第二章　网络学习空间的建设研究

第一节　理念与规划

网络学习空间建设是“三通两平台”工程中的核心任务，是落实教育信息化 2.0 行动计划的重要行动，是国家教育信息化整体战略的关键一环。网络学习空间的建设理念应该按照“课堂用、经常用、普遍用”的要求，形成“人人用”的态势。网络学习空间的建设应具有整体的规划，一步一步有序完成。

一、建设理念

理念是建设的先导，网络学习空间的建设不仅需要技术的支持，同时也需要理念的引领和顶层设计的指导。建设网络学习空间，就是要解决当下教育信息化发展进程中遇到的，亟待破解的优质资源供给、智慧教学、教师专业成长和家校协同育人等问题，这就需要我们以支持学习环境虚实融合拓展、支持优质教育资源配置供给、支持教学结构流程重组再造、支持教师队伍智慧联合成长和支持家校协同多元智慧育人为建设理念，设计、开发网络学习空间。

（一）支持学习环境虚实融合拓展

网络学习空间应该能够支持学习环境虚实融合拓展，提升现有学习环境的交互性和智能性，从物理空间到网络空间再到虚实融合空间将成为未来学习环境与学校建设的重要导向。网络学习空间可接入虚拟仿真、虚拟现实（VR）、增强现实（AR）和融合现实等技术，并配合物理学习环境，无限延展学生的学习场所，提升学习情境的有效性，从而提高学生学习绩效。

（二）支持优质教育资源配置供给

网络学习空间应该能够支持数字教育资源共建共享，为师生提供各类优质教育教学资源和教学工具，同时能够创设高沉浸感的体验情境，为跨学科学习提供有效支持。网络学习空间以其“一生一空间，生生有特色”的个性化学习理念，根据积累在网络学习空间中的师生行为数据，个性化推送适应性优质学习资源，为学生的学和教师的教提供资源配置。另外，网络学习空间所具备的数据接口可以对外提供数据交换，对内提供资源接入，在已有政府供给、市场供给、公益供给和自我供给模式的基础上按需组合使用，有效支持个性化优质教育资源的配置与供给。[①]

（三）支持教学结构流程重组再造

网络学习空间应能够支持教学结构和教学流程的重组再造，其应用应融入备课、授课、互动、作业和评价等教与学全过程。课前网络学习空间可为学生提供自主学习材料，帮助学生记忆和理解知识，并通过可视化课前学习情况，支持教师精准教学；课中支持教师组织学生自主学习和协作探究等活动，帮助学生对知识进行应用、分析与内化，同时为教师精准教学提供支持数据；课后支持教师进行线上答疑、作业分析、总结评价和协作探究等，为学生分层巩固、提升创新能力和问题解决能力提供支持。网络学习空间通过重组教学结构、再造教学流程，有效实现信息技术与教育教学的深度融合。[②]

（四）支持教师队伍智慧联合成长

网络学习空间应该能够支持教师队伍智慧联合成长，支持跨班级、跨校、

① 柯清超，王朋利，张洁琪. 数字教育资源的供给模式、分类框架及发展对策. 电化教育研究，2018，39（03）：68-74，81.

② 谢幼如，邱艺，罗胜涛，等. 网络学习空间建设应用新范式：知识生成视角. 中国电化教育，2018，（09）：1-6，16.

跨区域的同步或异步交流互动，并基于教师研修数据围绕学科、研修主题等推荐学习共同体、推送优质研修资源，或者在名师工作室、网络研修社区等的引领下， 通过专题研修、观课磨课、集体备课等活动，使新手教师获得专业能力的发展并逐渐成长为专家型教师。与此同时，它有助于解决教师的知识向技能迁移难、教师个体知识与群体知识之间割裂、培训支持服务团队与一线教师之间缺乏有组织的交互机制、教师创新性知识生成机制薄弱等一系列问题，从而弥补学校教师年龄结构不合理、专业学科教师缺失等短板。

（五）支持家校协同多元智慧育人

网络学习空间应能够架起家校沟通的桥梁，支持家校协同多元智慧育人。学校可借助它，定期向家长推送教育政策、教育经验等。同时，它可以支持组建线上线下联动家长学校，一方面增进家长对教育活动的理解，促进家长与学校线上线下的有效合作与交流；另一方面也可发挥家庭教育的重要作用，协同教师、学生、家长等校内外利益相关者在育人中的不同作用，实现多元化、一体化、多层次的学生评价，解决学校评价中只关注学生校内学业水平而对学生校外状况把握不足的问题。除此之外，网络学习空间还可以支持校园文化建设，不断优化育人环境，提高育人效果。

二、顶层设计

顶层设计是指运用系统方法论，从全局和整体的视角出发，对某项任务或者某个项目的各方面、各层次、各要素统筹规划，追根溯源，统揽全局，在最高层次上寻求问题的解决之道，以集中有效资源，高效快捷地实现目标。要发挥好网络学习空间建设与应用的最大效益，就需要多部门在顶层设计上进行统筹协调，明晰建设的基本目标，确定建设的基本原则，细化建设的基本内容。

（一）主要目标

网络学习空间的建设目标应遵循“个性互通、分享建构、智能整合、全面发展”的原则，利用人工智能、大数据、物联网等信息技术，以智慧学习空间为方向推进建设，其目标主要包括全联通、聚整合、重分享和显个性。

1. 全联通

网络学习空间建设应全面落实《网络学习空间建设与应用指南》的要求，实现各级各类学校网络学习空间的开通与普及，联通教育管理者、教师、学生、家长四个主体，为开展网络学习空间应用提供基础支持，提升区域教育信息化水平。

2. 聚整合

网络学习空间建设过程中，要聚合各办学主体的教育信息资源。缩小区域、校际差距，充分借助网络学习空间汇聚整合优质资源，以促进教育公平。

3. 重分享

网络学习空间建设过程中，要深入探索网络学习空间在教学、管理中的分享作用，促进教师教学与学生学习的展示与分享，以分享带动学科教学融合，提升教师信息化教学能力和学生信息素养。

4. 显个性

一生一空间，生生有特色。网络学习空间的建设不是一成不变、毫无特色的，每位教师、每个学生的空间都具有其个性特点。教师能够借助网络学习空间开展个性化教学，学生能够实现个性化学习，从而真正实现教与学的个性化发展。

（二）基本原则

1. 以生为本、个性发展

以“一生一空间、生生有特色”为宗旨，建设融合丰富的教育教学资源、宽敞轻松的交流协作空间，为每位学习者提供“一对一”甚至“多对一”的个性化教育服务，实现每位学生全面而有个性地发展。

2. 互联互通，共建共享

建立行之有效的互联互通机制，汇聚适应教育发展需求的优质资源，推进学习空间联通线上线下、课内课外、校内校外的学习活动，形成无缝整合的学习环境，构建支持数据融通共享的一体化网络学习空间生态系统。

3. 特色创新，智慧发展

面向多样化教育需求，在遵循空间建设与应用共性规律的基础上，秉持开放服务理念，不断丰富教育服务类型，创新空间应用模式，关注空间建设与应用实效。

（三）基本内容

网络学习空间的建设内容，在宏观层面要深化教育体制机制变革，推进教育服务模式创新，促进教育优质均衡发展和促进人的全面发展；在微观层面要支持学生、教师和管理者组织丰富的教育教学活动，从而为精准教学、个性化学习和科学决策等提供依据。基于此，网络学习空间的建设内容应包括转变教育资源供给模式、变革教育教学方式、转变交流互动形式、创新教育管理模式。

1. 转变教育资源供给模式

网络学习空间能够支持转变教育资源供给模式，有效扩大教育资源供给。一方面，学校能充分发挥空间作为数字教育资源共建共享主渠道的作用，从而方便师生获取国家和地方提供的各类公益性资源；另一方面，学校鼓励教师利用空间构建名师工作室、学习共同体，提供跨班级、跨学校、跨区域的开放式教育教学服务，实现教育资源服务向个性化形式转型，从而支撑教育改革发展，促进教育公平。

2. 变革教育教学方式

网络学习空间能够突破时空限制和课堂边界，有助于教师开展个性化教学，帮助学生开展交流、合作、探究学习，从而培养学生的协作学习能力与问题解决能力。同时，网络学习空间也可充分共享优秀教师智力资源，为郊区、薄弱学校的学生提供一对一辅导服务，实现跨学校、跨区域的双师课堂。

3. 转变交流互动形式

网络学习空间区别于传统课程管理系统的关键在于师生能够实现跨班级、跨学校、跨区域的同步或异步交互，突破时空限制和课堂边界。在网络学习空间中，教师可根据学生学习兴趣、学习任务要求，选择优质共享资源与个性化学习工具，建立异质或同质的学习共同体。学习共同体在完成学习任务的过程中会借助网络学习空间的交流互动工具提出问题、分析问题并共同探索问题的解决方式，从而在一定程度上突破区域、时空的限制。

4. 创新教育管理模式

网络学习空间可为区域教育管理者提供可视化数据，推进管理业务重组、流程再造，实现管理精细化、监管评估过程化。如学校管理者能够利用网络学习空间过程性数据了解学校教学资源配置等基本情况，根据学校基本问题优化智力资源供给，完善教学管理机制。

第二节　架构与规范

架构是软件产品的重要生命线。作为支持学习的重要软件产品，网络学习空间应具备良好的系统架构，各个子系统之间实现高内聚低耦合，使各子系统高效运行，能够支持网络学习空间中应用的横向拓展，能够提供连续、完整、可读性强的业务数据。

一、网络学习空间技术架构

（一）技术架构原则

网络学习空间数据模型设计应遵循通用和成熟技术原则、可用性原则、可靠性原则、可扩展性原则、安全性原则。

1. 通用和成熟技术

网络学习空间平台的建设应采用通用和成熟的技术，以降低网络学习空间建设成本，降低网络学习空间模块设计与开发中的难度，缩短建设周期。

2. 可用性

网络学习空间平台应在满足用户需求的同时，具备系统可用性。网络学习空间平台要支持系统人性化设计，系统响应应满足用户体验要求。在设备选型或开发配置上，整个网络学习空间系统应具有较强的兼容性，开发技术、网络通信协议和接口应遵循国际标准、国家标准和行业标准及规范。

3. 可靠性

网络学习空间平台必须具备可靠性。如在平台设计当中，计算服务的选择须满足不间断运行的要求。网络学习空间平台的设计应支持多节点的备份容灾和线路保护，提供异常防范措施；主干网必须为容错性设计，以确保整个网络系统稳定可靠地连续运行。

4. 可扩展性

信息技术的迅猛发展、新兴技术的层出不穷都要求网络学习空间系统结构必须具有较好的可扩展性，以确保将来的升级和扩展。网络学习空间系统的低耦合、模块化设计应采用扩展性的设备并具备良好的升级能力，以满足软件升级和并发用户数扩容的要求，从而实现最终业务规划目标。

5. 安全性

网络学习空间平台应有严格的安全措施，能确保与系统相关联的数据安全，保证整个系统安全稳定运行，能在出现故障后保证数据可及时恢复。关键数据应相互独立并且有多重备份，具有不同层次的冗余度，安全级别高。

（二）分层架构

良好的分层架构是保证网络学习空间运行效益的基础。在网络学习空间的开发和建设阶段应充分考虑其快速部署应用、扩展能力和鲁棒性等方面的问题。网络学习空间建设的分层架构应能短时间内响应需求进行敏捷部署，从而全面保障空间学习环境的运行。具体分层架构如图 2-1 所示。

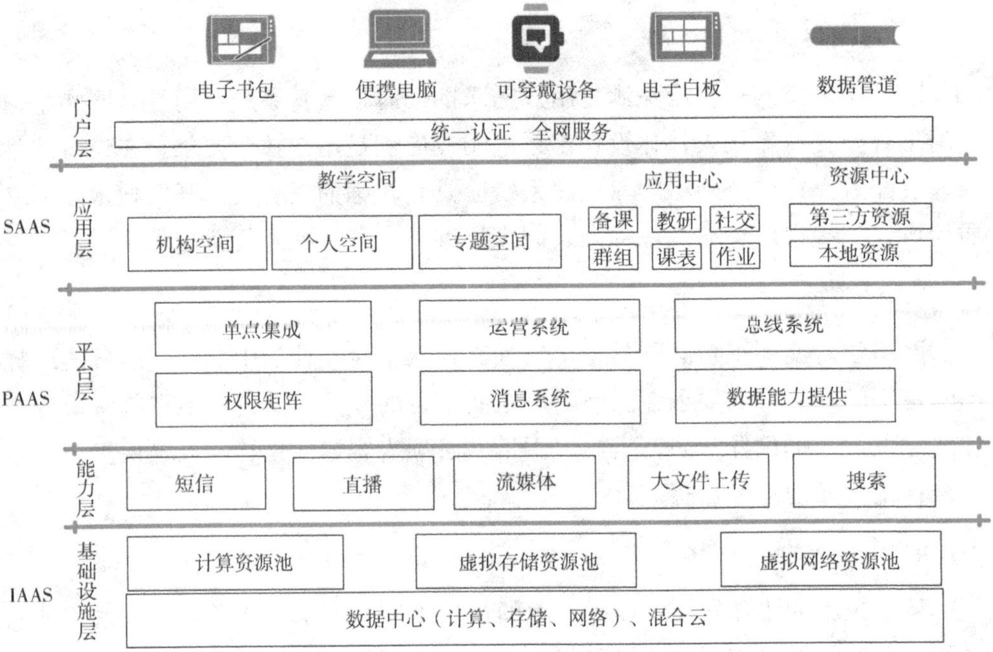

图 2-1　网络学习空间分层架构图

1. 基础设施层

基础设施层采用混合云计算技术，为网络学习空间构建统一的数据中心，形成可弹性部署、按需配置的计算资源池、虚拟网络资源池和虚拟存储资源池，实现服务器、存储和网络资源的集约建设与动态调节。同时，基础设施层也能为上层提供灵活的部署、运行与管理环境，为应用提供安全可靠的保障。

2. 能力层

能力层为网络学习空间的扩展功能引入成熟的通用组件，从而丰富网络学习空间服务功能。

3. 平台层

平台层能够为网络学习空间中的教育管理服务和教育应用服务提供可通用的基础支撑功能。

4. 应用层

应用层聚合各类教学资源应用，能为校、区、市三层级提供各类教学资源及应用的一站式教学信息化服务，以提升教学质量，促进教育均衡。

5. 门户层

教师、学生、家长、教育管理者等可以通过电脑、智能手机、平板电脑、电子白板、可穿戴设备等在门户层中使用相关教学资源与工具。

二、网络学习空间技术规范

规范是规定产品、过程或服务应满足的技术要求的文件。[①] 网络学习空间技术规范是指导网络学习空间建设的基本依据，是汇聚海量资源、协同多方交互的基础支撑，也是跨平台共建共享的基础保障。制定网络学习空间技术规范，有助于实现其建设运维一体化，提升交互体验与拓展性，是网络学习空间开发建设、应用推广的基础性工作。

（一）技术规范依据

为统一各级教育行政部门和各级各类学校在教育管理中需要使用的基础代码标准、基础信息标准、统计信息标准，教育部发布了《教育管理信息　教育管理基础代码》《教育管理信息　教育管理基础信息》《教育管理信息　教育行政管理信息》《教育管理信息　普通中小学校管理信息》《教育管理信息　中职学校管理信息》《教育管理信息　高等学校管理信息》《教育管理信息　教育统计信息》共 7 个教育信息化相关标准，这些标准的出台与发布为网络学习空间数据和接口规范的研制提供了重要参考依据。

---

① 中华人民共和国国家质量监督检验检疫总局，中国国家标准化管理委员会. 标准化工作指南 第 1 部分：标准化和相关活动的通用术语：GB/T　20000.1—2014 [S].北京：中国标准出版社，2014：1-28 [2015-60-01]. https://max.book118.com/html/2017/0808/126643831.shtm.

（二）技术规范框架

网络学习空间技术规范的研制包括技术规范编制说明、技术规范内容编制、技术规范报批和发布三个主要环节。网络学习空间技术规范内容一般包括范围、术语和定义、技术规范、数据规范。

技术规范编制说明必须阐述项目背景、规范编制的必要性、规范编制的依据与原则、规范的主要内容、对规范实施的建议五部分内容，它对规范制定的任务来源、工作过程、相关政策要求、现行规范存在的问题、规范的作用、规范的内容等作了详细的说明。

技术规范的内容编制包括内容的范围、内容中涉及的术语和定义、规范的作用、技术要求、数据规划等方面的内容。

技术规范的报批和发布工作一般由政府质量监督部门负责。技术规范的制定者按照相关文件要求，向标准规范主管部门提出书面申请立项，提交规定的文档；专家评审通过后，由标准规范主管部门以政府文件的形式对外公布。

（三）技术规范编制说明实例

本小节以《广州“数字教育城”接口技术规范》（编号 DBJ440100/T 287—2017）为例，详细阐述技术规范编制过程。

1. 项目背景

（1）任务来源

本规范的项目编号为 GZJY/2.1—2014，任务来源于广州“数字教育城”建设，由广州市教育局和广州市教育信息中心承担。

2012 年底，广州市教育局正式启动了广州“数字教育城”招标工作，该项目完成建设后，特提出广州“数字教育城”各应用系统接入的规范编制，加强对各应用系统接入的监督管理，规范和促进广州“数字教育城”健康、有序地发展，完善广州教育行业的应用系统地方标准体系，为各教育单位有效地接入广州“数字教育城”提供高效可靠的信息技术支持，并推动区域教育信息化应用系统建设健康、有序地进行。

（2）工作过程

1）工作启动。2013 年 5 月 14 日，规范编制组在广州召开了编制工作启动会。编制组对本次启动会作了充分准备，在调研大量国内外资料和研究现状的基础上，编写技术规范的开题报告初稿和汇报演示材料。会上，编制组就所承担的技术规范编制工作进行了汇报，内容涵盖技术规范的编制背景、国内外现状、主要研究内容、编制总体思路与技术路线、现有工作基础、进度计划及拟提交的成果等。与会专家听取了编制组的工作汇报，并进行了点评，提出了相关建议。

2）开题论证。2013 年 6 月 30 日，广州市教育局组织专家在广州市教育信息中心召开技术规范编制开题论证会。会议由广州市教育局科研处主持。论证委员会专家组听取了技术规范的开题论证报告，审阅了相关材料，经认真讨论和质询，一致认为编制组做了大量的前期研究工作，在此基础上形成的《广州“数字教育城”接口技术规范》编制大纲和开题论证报告，符合教育信息化标准的编制要求，技术路线可行，编制进度及人员安排合理，大纲的结构符合技术规范编制的一般性要求，经过开题论证，专家组同意编制组按计划开展下一步工作。同时，专家组针对技术规范的研究内容、范围等提出了一些建议。

3）初稿编制。2013 年 7～8 月，编制组开展技术规范编制工作。经过需求分析、相关部门及文献的调研工作、内部讨论和外部交流以及对技术规范文稿的反复修改完善等工作，编制组完成《广州“数字教育城”接口技术规范（初稿）》的编写，并按照《标准化工作导则》（GB/T　1.1—2009）规定的格式和内容要求，对技术规范体例结构调整完善。

4）技术研讨。为了做好技术规范初稿、征求意见稿的编制工作，2013 年 7 月 13 日，广州市教育信息中心在单位会议室召开“广州‘数字教育城’接口技术规范”研讨会，技术规范编制组、各项区信息中心人员以及本单位各项目成员参加了此次会议。会议邀请专家就《标准化工作导则》（GB/T　1.1—2009）第 1 部分——标准的结构和编写进行了培训。会上就本技术规范的研究内容、主要问题及其解决方案、与其他标准的区别和联系等进行了讨论。为进一步促进广州“数字教育城”接口技术规范建设，做好规范编制工作，2013 年 8 月 10 日上午，广州市教育信息中心在广州组织召开了广州“数字教育城”接口技术规范视频交流会，技术规范编制组、6 个相关参与技术规范编制的区教育信息中心、广州“数字教育城”承建单位参加了会议。交流会主要针对广州市教育信息中心的 10 个技术规范在编制中遇到的问题作了研讨。

5）征求意见稿初评。2014年3月21日，技术规范编制组在广州召开了技术规范征求意见稿初评会。专家组由广东省教育信息中心、广东省标准化研究院、广州市教育信息中心等单位的相关专家和高校信息化专家组成。专家组听取了编制组对技术规范研究内容的汇报，审阅了技术规范的征求意见稿，从体例结构、引用依据、技术内容、格式排版等方面对技术规范征求意见稿进行了审核把关。专家对技术规范编制提出了进一步建议，指出广州“数字教育城”接口技术规范的编制工作应以国家有关标准化文件为指导，紧密结合广州教育信息化管理业务需求，把握广州教育信息化工作的发展方向，充分反映教育行业特色。

6）征求意见稿修改。2014年4月，根据广州“数字教育城”二期项目中标单位、各区教育信息中心的意见对征求意见稿进行修改并提交。

2. 技术规范制（修）定的必要性分析

（1）各级教育主管部门的相关要求

为了规范广州市教育信息化工作，促进广州教育信息化建设和数据共享机制的形成，解决广州教育信息化应用系统互联互通的标准化问题，需要制定广州“数字教育城”共享互联互通总体接口框架技术规范，这对进一步推动广州教育信息化的发展、充分开发教育信息资源、保障各项信息系统的建设和应用有着重要意义。

各级教育机构及各级各类学校作为广州教育信息的主体产生部门，业务工作积累了大量的教育应用系统和数据，且在持续增加。这些信息系统、数据信息门类众多、指标丰富、时空跨度长，存在于各级各类广州教育信息化业务信息系统之中。但由于没有利用信息技术手段进行高效的组织、管理、共享，在一定程度上削弱了数据对教育管理、规划、政策制定的相关作用，因此，必须加快广州“数字教育城”信息共享互联互通接口技术建设步伐，整合各类教育信息系统，建立信息共享互联互通接口应用模式，提高教育基础信息系统的监测、采集、整合和统一发布能力，提高决策和管理的科学化水平。

（2）存在的主要问题

信息系统共享互联互通是当前教育信息化发展的趋势，广州市教育行业还没有相关信息共享平台方面的标准，广州教育信息化各信息系统接口工作缺乏标准化指导。

3. 技术规范编制的依据与原则

（1）编制依据

本技术规范的编制主要依据的相关标准有《信息交换用汉字编码字符集 基本集》（GB 2312—80）、《信息技术 软件生存周期过程》（GB/T 8566—2007）、《信息处理 程序构造及其表示的约定》（GB 13502—92）、《计算机软件可靠性和可维护性管理》（GB/T 14394—2008）、《信息技术系统及软件完整性级别》（GB/T 18492—2001）、《信息技术软件生存周期过程指南》（GB/Z 18493—2001）、《广州市地方技术规范制定程序（试行）》与《深圳市电子政务应用服务规范》（SZDB/Z 17—2008）。

（2）编制原则

依据《标准化工作导则》（GB/T 1.1—2009）的要求，《广州“数字教育城”接口技术规范》的编制遵循以下原则。

1）综合性原则。本技术规范的制定应综合考虑广州教育信息系统接入的历史和发展因素；应将分散、异构的应用和信息资源进行整合，通过统一的访问入口，实现各种应用系统的无缝接入，满足通用性要求。

2）实用性原则。本技术规范的制定对于指导广州教育信息系统建设应具有较强的实用性价值。

3）兼容性原则。本技术规范应尽可能合理借鉴国内已有的同类标准。

4）先进性原则。本技术规范应科学、先进，同时具有一定的可扩展性。

4. 主要技术内容

（1）范围

本部分主要用于广州“数字教育城”信息系统规划与建设，将分散、异构的应用和信息资源进行整合，通过统一的访问入口，实现各种应用系统的无缝接入和集成。本接口规范用于指导软件开发商对接入“数字教育城”的系统进行单点登录整合、用户基础数据下发及同步。

本技术规范由三部分组成：①单点登录接入规范；②用户基础数据下发规范；③伪单点登录接入规范。

本规范适用于所有接入到广州“数字教育城”的区域教育信息化应用系统，需要获取广州“数字教育城”基础用户数据的所有应用，包括广州市全市性的教育信息化应用系统以及各区（县级市）自行建设的教育信息化应用系统。凡在此范围内的应用，均需要按照本规范进行开发。

（2）术语和定义

1）凭证，用户在通过单点登录验证后获得，包含用户的基本信息，如唯一标识、登录名、凭证的有效期等。规范文档中以 ticket 表示凭证。

2）凭证标识，即用户在通过单点登录验证后获得凭证的唯一标识。

3）区域教育信息化应用系统，指以提供教育信息化服务为目的、在较大范围内（如中等以上城市或者大型城市的某个区）使用的信息化应用系统，具体包括教育管理系统、教育资源共享系统等。

4）单点登录，英文全称 Single Sign On，简称为 SSO，是目前比较流行的企业业务整合的解决方案之一。单点登录是在多个应用系统中，用户只需要登录一次就可以访问所有相互信任的应用系统。

5）伪单点登录又称模拟单点登录、应用漫游、代填口令等，指用户访问一个应用，如某 Web 邮件，首次访问时，伪单点系统会提示输入 Web 邮件的用户名和密码，并保存到数据库中，同时将用户名和密码填充到动态表单，使用动态生成的表单提交，从而实现自动登录。当用户再次访问该邮件系统时，伪单点登录系统将自动提交表单，实现单点登录。

6）Web service 是指一类新型的 Web 应用技术，能使运行在不同机器上的不同应用无须借助附加的、专门的第三方软件或硬件，就可相互交换数据或集成。

7）分发指的是数据生产者通过各种方式将数据传送给消费者的过程。

（3）作用

通过广州“数字教育城”接口技术规范，可以实现：①接入到“数字教育城”的所有应用系统共享用户基础数据；②让用户在一次输入用户名、密码验证登录后，访问所有应用系统不需要再输入用户名和密码进行验证；③用户在一次注销后，即可在所有应用系统实现注销。

（4）服务逻辑

1）单点登录技术机制。单点登录是一种统一认证和授权机制，指访问同一服务器不同应用中的受保护资源的同一用户，只需要登录一次，即通过一个应用中的安全验证后，再访问其他应用中的受保护资源时，不再需要重新登录验证。具体机制如图 2-2 所示。

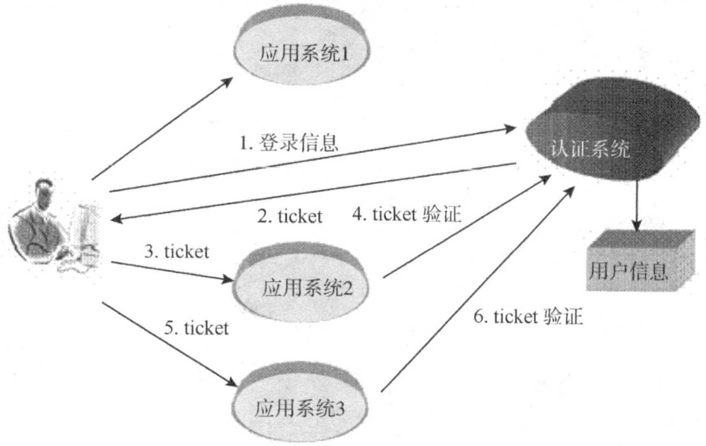

图 2-2　单点登录机制

当用户第一次访问应用系统 1 的时候，因为还没有登录，会被引导到认证系统中进行登录；根据用户提供的登录信息，认证系统进行身份校验，如果通过校验，应该返回给用户一个认证的凭据；用户再访问别的应用的时候，就会将这个 ticket 带上，作为自己认证的凭据，应用系统接收到请求之后会把 ticket 送到认证系统进行校验，检查 ticket 的合法性。如果通过校验，用户不用再次登录就能直接访问应用系统 2 和应用系统 3。

2）基于捎带的时间戳同步机制。为了保持接入“数字教育城”各子系统的用户基础数据与源的一致性，本规范采用了基于捎带的时间戳同步技术，具体流程如图 2-3 所示。

首先在源用户基础信息增加一个时间戳字段，记录数据被修改的时间，同时各子系统也存有用户基础信息的备份，该备份也有一个时间戳。当用户用单点登录技术登录到子系统时，该用户的基础信息以及时间戳会以 XML 的形式捎带到子系统，子系统只需检查捎带过来的时间戳与备份是否一致，如果不一致，则以源系统为准进行修改。

（5）单点登录接口规范

1）概述。单点登录是一种统一认证和授权机制，指访问同一服务器不同应用中的受保护资源的同一用户，只需要登录一次，即通过一个应用中的安全验证后，再访问其他应用中的受保护资源时，不再需要重新登录验证。主要由统一身份认证平台和认证接口组成，其中认证接口包括：JAVA、PHP、C#，如图 2-4 所示。

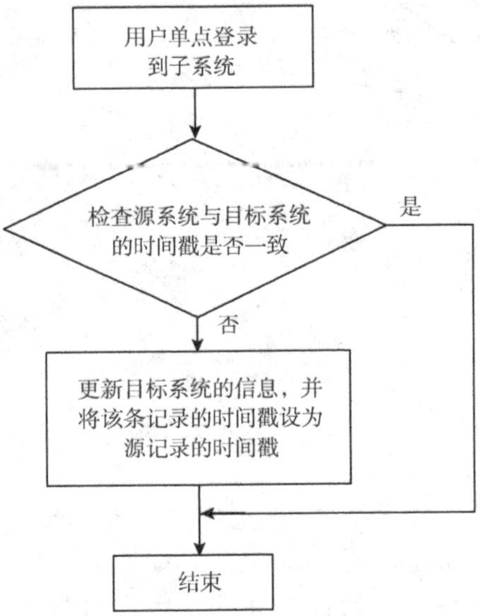

图 2-3　基于时间戳的同步方法

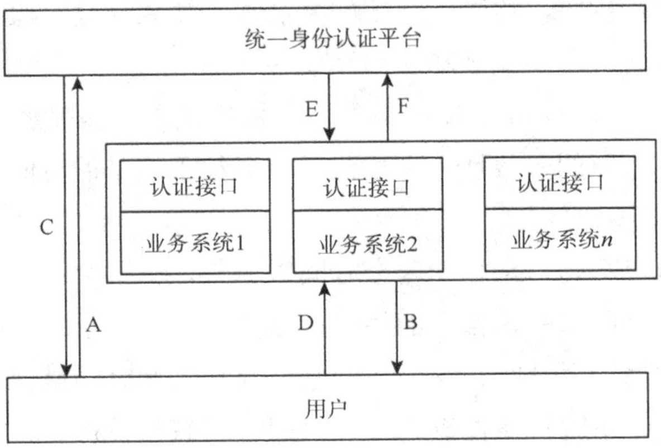

图 2-4　单点登录的组成

具体流程为：①用户请求访问业务系统。②业务系统在系统中查看是否有对应请求的有效令牌，若有，则读取对应的身份信息，允许其访问；若没有或令牌无效，则把用户重新定向到统一身份认证平台，并携带业务系统地址，进入 C 步骤，具体登录界面如图 2-5 所示。③在统一身份认证平台提供的页面中，用户输入身份凭证信息，平台验证此身份凭证信息，若有效，则生成一个有效的令牌给用户，进入 D 步骤；若无效，则继续进行认证，直到认证成功或退出为止。④用户携带 C 步骤获取的令牌，再次访问业务系统。⑤业务系统获取用户携带的令牌，提交到认证平台进行有效性检查和身份信息获取。⑥若令牌通过有效性检查，则认证平台会把令牌对应的用户身份信息返回给业务系统，业务系统把身份信息和有效令牌写入会话状态中，允许用户以此身份信息进行业务系统的各种操作；若令牌未通过有效性检查，则会重新定向到认证平台，返回 C 步骤。

通过统一身份认证平台获取的有效令牌，可以在各个业务系统之间实现应用漫游。

图 2-5　单点登录页面

2）用户基础信息及同步。单点登录系统在完成令牌验证后，会将用户基础信息以 XML 的形式传到目标子系统，具体如表 2-1 所示。

表 2-1　用户信息同步字段表

用户类型	说明
教师	A 有班级教师用户 {"userPersonId":"441425197907181406"，"givenName":"曾红"， "school Id":"2144016801"，"schoolName":"广州市番禺区沙湾镇中心小学"， "userType":"teacher"，"teacherCourse": "[{\"className\":\"一班\"，\"gradeName\":\"五年级\"，\"subject\":\"数学\"}， {\"className\":\"一班\"，\"gradeName\":\"一年级\"，\"subject\":\"语文\"}，

续表

用户类型	说明

教师	{\"className\":\"一班\"，\"gradeName\":\"一年级\"，\"subject\":\"语文\"}]"，
	"teacherCourseId":
	"[\"214401680120130501\"，\"214401680120130101\"，\"214401680120130101\"]"，
	"stamp":"20130821155754"}
	B 无班级教师用户（行政人员）
	{"userPersonId":"441425197412262298"，"givenName":"陈威"，
	" school Id ":"440113012216"，"schoolName":"广州市番禺区大石富丽中学"，
	"userType":"teacher"，"teacherCourse":""，"teacherCourseId":""，
	"stamp":"20130821155754"}
	参数说明：
	userPersonId：身份证号
	givenName：姓名
	school Id：学校 ID
	schoolName：学校名称
	userType：用户类型
	teacherCourse：教授班级{
	　　教授班级：className
	　　教授年级：gradeName
	　　教授科目：subject
	}
	teacherCourseId：教授班级 ID（schoolId+year+gradeId+classId）
	stamp：时间戳更新时间记录，判断该记录是否更新

学生	学生用户 {"studentNumber":"440111006104200610123"，"givenName":"卢辰"， " school Id ":"440104011020"，"schoolName":"广州大学附属中学"， "gradeName":"初一"，"className":"十六班"，"userType":"student"， "classId":"44010401102020131116"，"stamp":"20130821155754"} 学生用户参数说明： studentNum：学籍号 givenName：姓名 schoolId：学校 ID schoolName：学校名称 gradeName：年级 className：班级 userType：用户类型 classId：班级 ID stamp：时间戳更新时间记录，判断该记录是否更新

统一身份认证平台的用户基础数据是权威数据，各业务子系统必须保存一份用户基础数据的备份。用户登录完成后，统一身份认证平台捎带给业务子系统的用户基础数据包含一个时间戳，业务子系统必须将该时间戳与本地备份进行比较，如果不一致，则更新为与权威数据一致。

（6）用户基础数据下发规范

该规范主要用于将用户基础数据下发给业务子系统，包括用户、学校、年级、班级、所教学科等基础数据，如图 2-6 所示。

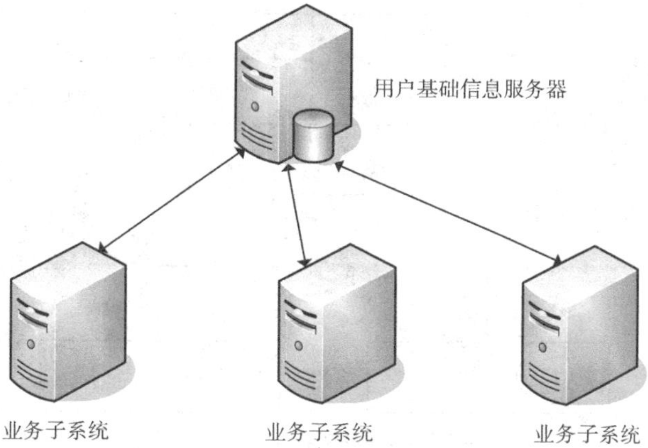

图 2-6　用户基础数据下发

业务子系统根据提供的接口向用户基础信息服务器进行查询，查询时必须携带日期信息，基础信息服务器根据该日期将此日期之后发生变动的数据下发给业务子系统。

（7）伪单点登录接入规范

伪单点登录又称模拟单点登录、应用漫游、代填口令等。它利用 JavaScript 动态创建表单，提交用户预先录入的用户名和密码等信息，完成自动登录过程。具体流程如图 2-7 所示。

当用户首次访问一个应用时，伪单点登录系统会提示输入该应用系统的用户名、密码、编码方式、表单提交方式等信息，并保存到数据库中，同时将用户名和密码填充到动态表单，使用 JavaScript 动态生成表单自动提交，从而实现自动登录。当用户再次使用该系统时，伪单点登录系统将从系统提取用户上次保存的信息并自动提交表单，实现自动登录，不需再手工输入登录所需信息。

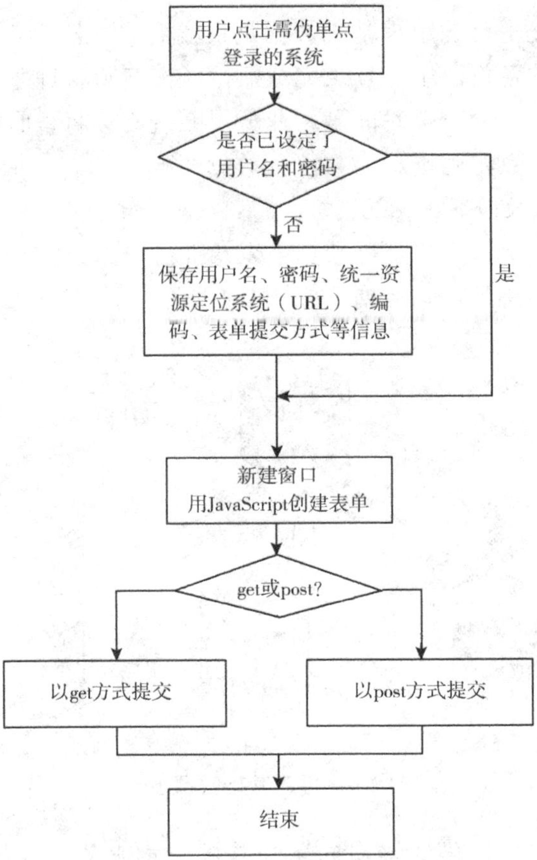

图 2-7　伪单点登录流程

业务子系统如果需要以伪单点登录形式接入教育城，用户登录的页面不能含有验证码，或者单独提供一个不带验证码的登录页面，表单提交方式必须为 get 或 post 方式。

5. 对实施该规范的建议

本技术规范为广州市各类教育信息系统之间信息用户接入提供依据。各级教育部门在进行教育信息化管理与信息化建设、开发教育信息资源、促进教育信息系统建设过程中，应积极采用本技术规范，以达到促进教育信息系统接入一体化、提高广州“数字教育城”公众服务水平的目的。鉴于本技术规范为首次制定，在实施过程中将根据反馈的问题和国内外最新技术发展情况，对其进行进一步的修订和完善，力争最终形成适用的、先进的、具有健壮性的《广州“数字教育城”接口技术规范》，以更好地满足广州市教育信息化发展需要。

第三节 开发与建设

网络学习空间的开发与建设是一项长期的系统工程，其成功的关键在于统一规划、统一标准、统一建设。各学校应在统一规范标准下，根据学校自身的实际情况，建设具有学校特色、符合教师教学需要与学生发展需求的个性化空间。

一、网络学习空间开发流程

从软件工程角度来看，网络学习空间的开发属于软件开发的一种，网络学习空间的开发流程采用软件开发的一般流程，运用信息系统项目管理的方法论进行管理。开发流程大致归纳为需求分析、技术规划、系统设计、开发实现、系统测试、项目验收与运行维护等环节，具体如图 2-8 所示。

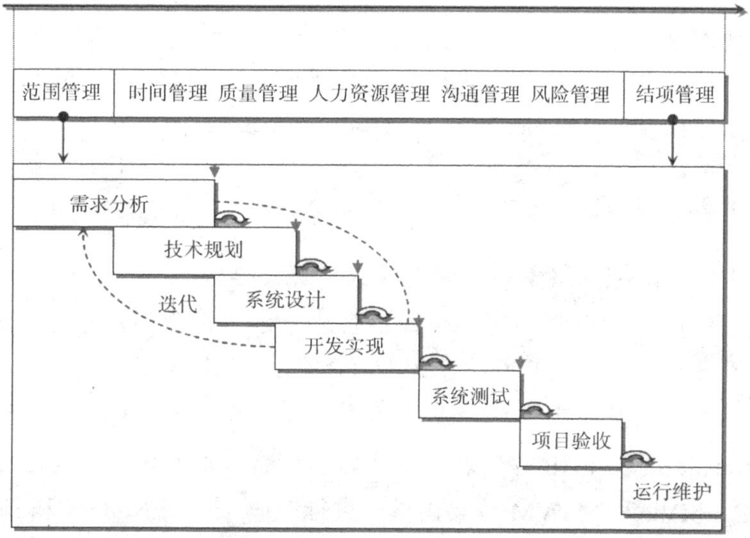

图 2-8 网络学习空间开发流程图

（一）需求分析

需求分析是网络学习空间开发过程中的重要活动。在这一阶段，开发团队会对网络学习空间在功能上“要实现什么”进行详细的分析和定义，并形成描述完整、清晰和规范的文档，明确网络学习空间要实现的功能，为制订开发计划和管理开发进度提供重要的支持。需求分析的方法有结构化分析法、数据流程图分析法和数据字典等。该阶段结束后编写的需求规格说明书是网络学习空间开发的重要文档之一，是对网络学习空间体系结构、功能模块和模块间接口关系等内容的详细说明。

（二）技术规划

技术规划是保证网络学习空间建设有序进行的重要手段。在明晰网络学习空间的功能后，应根据实际需要确定具体的技术手段并明确在开发的过程中采用何种技术手段，以保证开发建设的正常开展。

（三）系统设计

系统设计可分为概要设计和详细设计两个阶段。在概要设计阶段，需要开发团队根据需求规格说明书提取框架需求设计系统架构、数据需求设计数据结构、功能需求设计整个网络学习空间的结构，最终形成概要设计文档。之后进入详细设计阶段，对每一个概要设计进行细化，包括详细算法和局部结构等。此外，实现模块功能的算法逻辑上要正确，算法描述要简明易懂。

（四）开发实现

开发实现，即把网络学习空间的详细设计文档转化为计算机可以识别和执行的源代码，即写成以某一程序设计语言表示的“源代码清单”。源代码要和系统详细设计相符合，反映网络学习空间的详细设计要求。目前主流的编码多采用面向对象的高级程序语言完成，对于网络学习空间的编码开发语言来说，使用 Python、JSP 和 PHP 等动态脚本语言，配合数据操作的结构化查询语言，基于 MVC、MVP 和 MVVM 等架构模式进行编码，应用 Node.js 和 jQuery 等异步前端技术渲染用户界面，能够有效实现网络学习空间的功能要求和性能需求。

（五）系统测试

系统测试，即将独立开发并通过单元测试的网络学习空间子模块“拼接”成完整的网络学习空间并进行集成测试和整体测试。一般来说，网络学习空间独立开发的单个模块能够通过测试达到预期的需求，但集成为一个完整的系统后就会暴露出一些隐含问题。通过集成测试后，再对网络学习空间进行系统整体测试。系统测试必须精心计划，设计测试用例，实施整体测试，分析测试日志和书写测试报告，达到最优化的测试效果，以确保网络学习空间的开发质量。

（六）项目验收

验收应该依据项目管理计划对开发过程的每个活动进行关闭，并移交开发文档和网络学习空间产品或相关的成果。开发团队在移交项目成果前应检查合同约定内容执行情况并通过用户评审等方法对网络学习空间开发成果进行评价。

（七）运行维护

以上流程结束后，运维团队将完成编码、测试和验收的网络学习空间部署至正式生产环境对外提供服务，并不断监控网络学习空间运行情况。同时，开发团队应派驻点相关成员，根据网络学习空间运行的情况，对其进行适当修改纠正，以适应新的要求。另外，开发团队需对网络学习空间的需求不断跟踪，采用迭代更新的方法持续更新相关功能，以保证空间数据安全和用户体验自然。

（八）项目管理

网络学习空间的开发项目管理是一项综合性和全局性的管理工作。每个网络学习空间的开发项目管理都不是一成不变的，而应根据期望的项目绩效灵活调整。一般来说，网络学习空间的项目管理工作主要包括范围管理、时间管理、质量管理、人力资源管理、沟通管理、风险管理、结项管理等。

项目范围管理主要关注网络学习空间项目内容的定义和控制，即包括什么、不包括什么。本阶段主要作好范围计划编制、范围的定义、范围的确认、范围的控制。一般情况下，网络学习空间项目范围既包括网络学习空间产品的范围，也包括网络学习空间项目的范围。

项目时间管理主要包括项目按时完成所必需的管理过程。本阶段主要作好网络学习空间开发活动的定义、活动的排序、活动的资源估算、活动历时估算、制订进度计划以及进度的控制。

项目质量管理是指在合同约定的范围内按质完成项目成果，达到用户的期望。本阶段主要关注的是质量的规划、质量保证及质量的控制三个过程。

项目人力资源管理主要是关注“人”的因素，即有效地发挥每一个参与项目人员的作用的管理过程。本阶段主要作好组织计划的编制、组建项目团队、管理项目团队等。

项目沟通管理，主要强调项目实施过程中的“彼此分享”“建立共同看法”，通过互动，双方建立彼此相互了解的关系，相互回应，并通过沟通相互接纳达成共识。

项目风险管理，主要关注在网络学习空间开发过程中，对项目目标产生的某种正面或者负面的影响，并对影响进行有效管理。在开发建设过程中，风险具有随机性、相对性、可变性等特点。本阶段主要工作包括风险管理计划编制、风险识别、风险分析、风险应对和风险监控等。

项目结项管理主要包括正式关闭整个项目或某个阶段、恰当移交已完成的阶段、对交付物进行验证和记录、分析项目过程等。

在整个网络学习空间建设与开发项目推进的过程中，需要制定项目管理方式，授权项目的关键人物对项目全过程全面负责。项目负责人的选择必须考量其对教育行业和教育规律的熟悉程度，必须具备工程技术、经营管理、法律法规方面的知识，具有解决项目难题的能力和处理意外的应急能力、抵御外界对项目产生冲击的能力、评估风险的能力，以及诚实守信及支持教育的态度等。

下面围绕开发目标控制、开发管理机构、开发质量控制三个关键项目阶段展开讨论。

开发目标控制是开发项目的核心内容。在网络学习空间平台开发过程中，可将开发目标控制归纳为计划—执行—检查—措施的循环迭代流程，具体如图 2-9 所示。

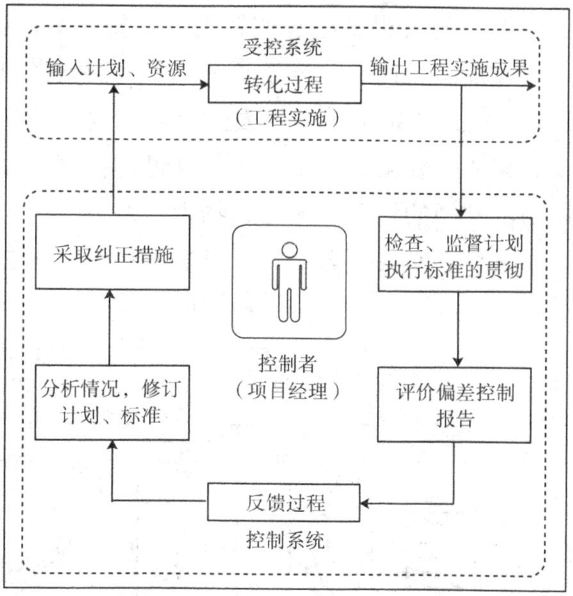

图 2-9　计划—执行—检查—措施循环迭代目标控制模式图

为确保网络学习空间平台开发项目顺利实施，应成立开发管理机构，对网络学习空间开发项目进行统一的组织、协调和实施。一般来说，管理机构的职能包括项目实施计划、任务分配、协调各方的工作等，其基本架构如图 2-10 所示。

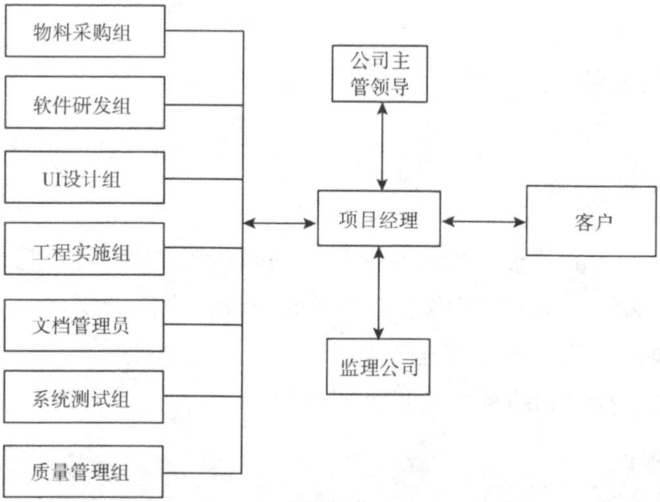

图 2-10　网络学习空间开发管理架构参考图

网络学习空间开发实施过程策略应该做到“安排有序，循序渐进”。实施过程是网络学习空间开发质量控制的重要环节。针对网络学习空间的工程管理标准，可遵循国际标准化的ISO9000。开发过程既要对网络学习空间开发全过程进行控制，又要对其所有要素进行全面控制。过程控制具体包括事前控制、事中控制和事后控制，控制的要素有人力、物力、财力、信息、技术、组织、时间、信誉等。具体来说，网络学习空间开发过程控制如图2-11所示。

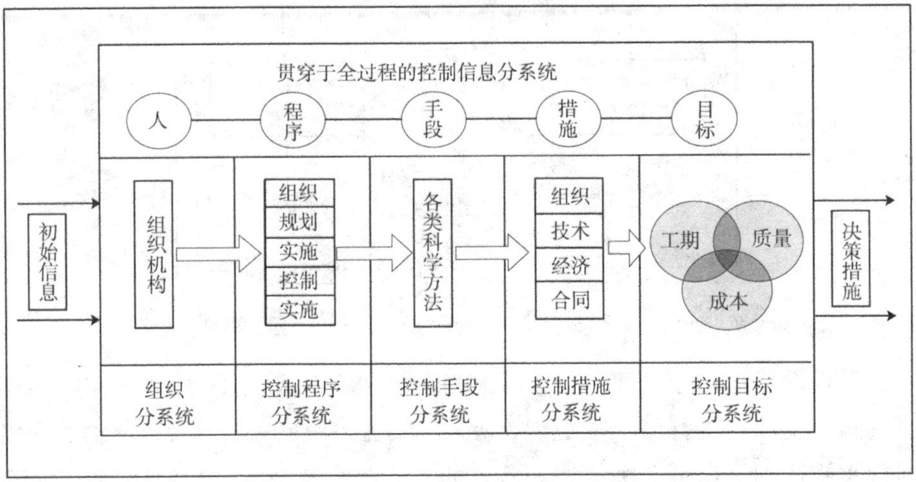

图2-11 网络学习空间开发过程控制模式图

二、网络学习空间建设规范

（一）项目立项

网络学习空间的建设立项是整个建设应用的核心环节。“凡事预则立，不预则废”，项目的立项可为网络学习空间的建设提供经费支持。一般来说，网络学习空间项目立项应该包括五个典型环节，分别是项目建议、项目可行性分析、项目审批、项目招投标、项目合同谈判。

1. 项目建议

网络学习空间项目建议是网络学习空间建设单位向上级主管部门提交的

项目申请文件，是对拟建设的网络学习空间提出总体设想。网络学习空间项目建议工作包括建设书的编写、申报、审批环节。同时，网络学习空间建设的项目建议应结合国家教育信息化发展规划和教育信息化产业政策，根据单位内外部条件和当前市场情况，做出具体的建议书。

2. 项目可行性分析

在网络学习空间建设项目建议书获得批复后，网络学习空间建设单位应该开展网络学习空间建设项目的可行性分析。可行性分析应该包括建设的必要性、技术可行性、组织可行性、社会可行性以及建设中的风险因素和对策。在此基础上，网络学习空间建设可行性分析可在适当的时候开展评估，以对建设的必要性、建设条件、生产条件、产品市场需求、工程技术、经济和社会效益等进行评价论证。

3. 项目审批

网络学习空间建设项目的审批主要是指审批部门对网络学习空间建设项目建议书、可行性研究报告、初步设计方案和投资概算的审核，批复核准拟建设的内容、规模、标准、概算和其他控制指标。

4. 项目招投标

按照国家有关规定，网络学习空间建设需要进行招投标工作。一般招标分为公开招标、邀请招标等形式。招投标活动应该遵守《中华人民共和国招投标法》规定，通过公平、公正、公开的方式选定网络学习空间建设承建方。

5. 项目合同谈判

在完成招投标工作以后，网络学习空间建设进入合同签订环节。一般情况下，网络学习空间建设合同谈判是先谈技术条款后谈商务条款。合同谈判的技巧遵循“机动灵活、有退有进”的原则。在签订网络学习空间建设合同时应注意项目名称、建设地址、标的、数量、质量、价格、履行期限、技术文档和保密资料、技术成果的归属、验收标准和方法、违约责任和终止条件等内容。

（二）需求变更

网络学习空间在建设过程中经常会发生需求变更。网络学习空间建设的需求变更是指项目在建设实施过程中，由于项目环境或其他原因对网络学习空间的功能、性能、架构、技术指标、集成方法以及项目建设范围基准、进度基准和成本基准等方面作出改变。网络学习空间建设中的需求变更应该遵循以下基本原则。

1. 基准管理

基准是项目最初启动时制订的原始计划，是需求变更的依据。网络学习空间在建设中的变更应针对每次批准后的结果重新确定建设基准。

2. 建立变更控制流程

在网络学习空间建设过程中，要建立符合项目需要的变更管理流程，从而使得所有的变更有序可行。

3. 建立变更管理团队

网络学习空间建设过程中要建立变更控制管理团队，并明确团队成员在变更流程中相关工作的角色和职责。

4. 完整体现变更影响

网络学习空间建设过程中的变更可能是多样的，在变更管理过程中，变更管理团队需要全面完整地分析变更可能产生的影响，为变更控制提供依据。

（三）测试

网络学习空间在开发与建设中涉及一系列的流程，每一个流程都有可能引入缺陷（bug），因此需要对网络学习空间进行测试。为达到良好的测试目的，测试工作应该由专门的测试组应用黑盒测试和白盒测试相结合的方法，采用集成测试和系统测试等策略进行。

1. 黑盒测试

黑盒测试注重测试网络学习空间平台的外部特性。对网络学习空间进行黑盒测试时，应根据系统的设计要求，对每一项功能逐个测试，以检查其是否达到了预期的要求，是否能正确地接受输入，输出结果。

2. 白盒测试

白盒测试是在了解网络学习空间平台内部逻辑结构后，对其所有逻辑路径进行测试，以检查其代码编写是否符合设计要求。

3. 集成测试

在网络学习空间平台所有模块都通过了单元测试后，项目成员需将所有模块按照设计要求组装成为子系统进行集成测试，以发现并排除在模块连接中可能存在的问题。

4. 系统测试

系统测试是指网络学习空间平台经过集成测试之后，作为计算机系统的一个部分，与其他元素（如硬件服务器、网络系统等）结合起来，在实际运行环境下进行系统级的确认测试，从而将各种可能的缺陷完全排除掉，从根本上保证系统的长期稳定运行。

（四）建设监理

监理单位对网络学习空间建设项目进行全过程管理，对项目文档的规范性进行审核收集，组织对项目的测试、试用和验收工作。一般来说，监理单位的里程碑事件包括网络学习空间项目实施方案的确定、项目开工、需求规格说明、概要设计、详细设计、数据库设计、系统模块开发、测试、试运行、项目初验、投入运营、项目终验等内容。

（五）风险控制

风险有广义和狭义之分，网络学习空间的建设风险是指损失的不确定性，它具有客观性、偶然性、社会性和相对性等特点。一般来说，网络学习空间建设的风险控制过程包括规划风险管理、识别风险、实施风险分析、规划风险应对、控制风险几个部分。网络学习空间建设的风险控制主要是提高项目建设中积极事件的概率和影响，降低消极事件的概率和影响。

（六）项目验收

网络学习空间建设项目验收应该包括验收项目产品、文档及已经完成的交付成果。在验收时，需要根据项目签署的合同内容以及对应的技术工作内容进行验收。验收主要包含网络学习空间验收测试、网络学习空间试运行、项目系统文档验收、项目终验等内容。

1. 验收测试

验收测试是指对网络学习空间平台进行全面测试并出具验收测试报告，以确保网络学习空间的功能和技术设计满足建设方的功能需求和非功能需求。

2. 试运行

网络学习空间通过验收测试后，可以开通试运行。通过试运行中出现的故障，来判断网络学习空间建设存在的缺陷，从而为后续升级改造作准备。

3.文档验收

网络学习空间建设完成验收测试后，项目建设文档应该逐步、全面地移交。涉及的文档包括但不限于网络学习空间系统介绍、网络学习空间使用手册、网络学习空间维护手册、网络学习空间产品说明书、网络学习空间质量保证书、网络学习空间验收报告等。

4. 终验

网络学习空间项目终验工作包括双方对验收测试文件的认可和接受、双方对网络学习空间试运行工作的认可和接受、双方对项目文档的认可和接受、双方对网络学习空间项目结束的认可和接受。在最终验收合格后，应该由双方撰写验收报告并提请上级部门认可。

第四节　安全与运维

一、网络学习空间安全治理

数字经济时代，数据流动是互联网核心价值所在，数据安全成为网络空间安全领域最受关注的热点问题。教育领域对数据技术的期待，是数据与教育融合发展的必然产物。网络学习空间是集资源、服务、数据为一体的网络学习场所，①它所承载的高价值数据是网络学习空间数据治理的核心内容。网络学习空间安全治理是指以数据为中心的网络学习空间安全、数据安全目标、防护对象、数据安全防护手段、技术与管理融合、安全保护能力提升等工作。

从金融到医疗，从交通出行到社会管理，基于数据的互联网发生着前所未有的变革，数据正在成为生产资料，成为当今最为关键的竞争力。当前，“互联网+教育”重构教育生态已成共识，基于教育数据展开的科学决策、教育研究成为新常态，基于数据的各种教学创新服务不断涌现，数据驱动教育带来巨大的价值，但同时也隐藏着我们无法预知的安全风险。数据失控会影响社会安定，阻碍人类社会的脚步。

建立以数据为中心的网络学习空间安全体系，就是要把安全聚焦在数据本身，以网络学习空间承载的数据生命周期为主线，围绕数据生成、数据存储、数据消费、数据传输、数据共享、数据销毁等过程开展信息安全的能力建设。从组织建设、从业人员能力、制度流程、技术工具四个维度，②开展网络学习空间安全治理工作，着力解决数据被窃取的风险、数据被滥用的风险、数据安全策略、数据安全运营、制度和管理体系、安全从业人员能力建设等一系列问题。

1. 成立专门团队

网络学习空间安全运行是系统工程，为有效推进网络学习空间安全运行，保证安全运行策略落地实施，网络学习空间运营单位应设立专门的安全团队。组织团队应该包括基于网络学习空间教学的人员、数据处理技术人员、网络技术人员、法律等领域的人员。安全团队统筹制度建设，兼顾网络学习空间使用便利和发展的需求，推动网络学习空间安全运行的各项政策落实。该团队需要得到网络学习空间运营和使用单位领导的充分重视，直接由最高层领导分管。

---

① 郭炯，黄彬，郑晓俊. 《网络学习空间建设与应用指南》解读. 电化教育研究，2018，39（08）：34-38.

② 杜跃进，郑斌. 大数据安全能力实践. 大数据，2017，3（05）：30-37.

2. 信息资产现状梳理

网络学习空间安全治理的核心是数据，因此需要对海量数据流动所涉及的各环节进行梳理，具体包括数据种类、数据量、数据内容、支撑数据运行的环境、网络资产等。所涉及的部门和人员，属于敏感部门和敏感岗位，需要对敏感部门和敏感岗位的工作流程、工作职责作相应的规定。对网络学习空间研发、测试和使用过程中交互的人员、接口等进行梳理；对网络学习空间功能流程的采集、存储、授权、使用、传输、外部调用、销毁等功能流程进行梳理。

3. 网络学习空间运营组织的安全服务能力建设

网络学习空间在整个建设生命周期中，运营组织内部涉及多个团队的多个岗位人员相互配合和支撑，包括但不限于数据管理岗、开发岗、信息安全岗、合规岗、人力资源岗、运维岗、数据审计岗等。

在网络学习空间使用阶段，安全需求是对网络学习空间分级分类、平台使用安全管理、平台使用中有效数据的正确性、派出平台功能或数据异常、数据加密传输和网络可用性的安全管理，涉及的岗位是开发岗、安全岗、数据管理岗、网络管理岗、运维岗。运营组织机构对相应的岗位人员的服务能力提出相应的细化要求，确保网络学习空间能安全有效地使用，数据能通过网络学习空间输入并存储。

网络学习空间数据在网络传输和服务器存储阶段，安全需求有数据的传输加密、网络可用性安全管理、存储介质安全、逻辑存储安全、数据备份和恢复，涉及的岗位有运维岗、数据管理岗、开发岗。运营组织机构对相应的岗位人员的服务能力提出相应的细化要求，以确保网络学习空间能安全有效地支撑课堂教学。

在网络学习空间处理和运维阶段，安全需求是平台数据的脱敏、数据分析安全、平台正常使用、平台使用环境安全、数据导入导出安全、平台共享安全、平台漏洞等。涉及的岗位有服务器管理岗、信息安全岗、数据管理岗、开发岗、网络管理岗、运维岗等。运营组织机构对相应的岗位人员的服务能力提出相应的细化要求，以确保网络学习空间能安全有效地支撑课堂教学和学校管理。

在网络学习空间销毁阶段，安全需求是数据销毁和存储介质销毁。涉及数据管理岗、开发岗、运维岗等，运营组织机构对相应的岗位人员的服务能力提出相应的细化要求，确保有效保障网络学习空间运维安全。

二、网络学习空间系统运维

随着网络学习空间建设的深入和使用的普及，师生对网络学习空间平台的依赖程度越来越高，网络学习空间的运行和维护已经成为各空间学校的重要难题。网络学习空间运维涉及终端（电子书包）运维、网络系统、数据库、应用平台等。网络学习空间平台的建设模式、地域等不同，其运维模式也有较大差别。从大范围来划分，运维包括自运维和运维外包两种模式。

（一）自运维模式

采用自运维模式，需要成立运行维护机构，对系统运行进行统一的组织、协调和实施，以保障系统的长期正常运作。运维机构人员可从开发与建设技术队伍中选取，组建一支由高素质技术人员组成的系统维护队伍。同时，采用自运维模式还需建立科学、严格的系统日常管理与维护规章制度，明确分工，责任到人，将系统日常运行情况与维护人员的岗位考评挂钩，并根据应用部门的反馈考核维护人员。运维机构对网络学习空间的运行与维护进行统一组织和协调，监督检查相关管理制度执行情况，协调与其他信息系统的联系，保障系统资源的安全、完整和有效利用。另外，运维机构还需对网络学习空间数据进行定期备份并负责组织网络学习空间应用的升级、后续开发、培训工作及管理制度的实施。

（二）运维外包服务模式

运维外包服务模式，在当前普遍采用的运维模式中所占比例比较高。一般承担运维工作的企业多数由建设企业转为运维服务企业， 少量采取建设和运维分开外包。运维外包能借助社会力量， 利用专业优势， 加快网络学习空间建设的发展速度和提升建设效果， 但外包后容易出现成本和管理失控、数据泄露、高度依赖外包企业等问题。采用运维外包服务模式需要对外包服务企业进行有效管控，用户需要掌握网络学习空间的关键基础设施控制权限，掌握网络学习空间关键账号、密码，掌握网络学习空间的网络访问权限控制权限，对网络学习空间的运行状态有全面客观的评估，能随时对运行使用情况作动态的调整以适应教育教学的需要。

第五节　未来与展望

未来的社会是“人人皆学、处处能学、时时可学”的学习型社会，未来的教育是突破时空界限和教育群体限制的开放教育，是注重以人为本、关注学生个性发展、促进社会公平的教育。科技发展日新月异，人工智能、5G等技术在教育领域中的应用给网络学习空间的建设带来新的展望。

一、人工智能与网络学习空间

（一）人工智能发展历程与应用场景

人工智能是计算机科学的一个分支，是研究、开发用于模拟、延伸和扩展人的智能的理论、方法、技术及应用系统的一门新的技术科学。自1956年人工智能的概念被提出以后，它经历了起步、低谷、发展、低迷、蓬勃发展5个阶段60余年的历史。

1）1956年至20世纪60年代初属于人工智能的起步阶段，该阶段关于人工智能的研究取得了较为丰硕的研究成果，如机器定理证明、跳棋程序，并掀起人工智能发展的第一次高潮。

2）20世纪60年代初至20世纪70年代初属于人工智能的低谷阶段，该阶段的众多研究以失败告终，从而导致人工智能的发展进入低谷。

3）20世纪70年代初至20世纪80年代中期属于人工智能的发展阶段，该阶段出现了模拟人类专家解决特定领域问题的专家系统，从而促使人工智能从理论研究转向实践应用，推动其走入应用发展的新高潮。

4）20世纪80年代中期至20世纪90年代中期属于人工智能的低迷阶段，

该阶段专家系统出现了数据兼容难、应用面窄等问题，从而导致人工智能的发展进入低迷期。

5）20世纪90年代中期至今属于人工智能的蓬勃发展阶段，该阶段互联网、云计算、大数据、物联网等新型信息技术与泛在感知数据和图形处理器等计算平台相继出现，推动了以深度神经网络为代表的人工智能技术的飞速发展，大幅度地跨越了科学与应用之间的技术鸿沟，如图像分类、语音识别、知识问答、人机对弈、无人驾驶等，实现了人工智能技术从“不能用、不好用”到“可以用、能用好”的突破，从而迎来了爆发式增长的新高潮。

人工智能技术是围绕着自然语言处理、机器学习、逻辑推理、神经网络等算法展开技术支持的跨学科研究，其本质是模拟人的思维过程。人工智能在计算机上有两种不同的实现路径。一种工程学方法，即采用传统的编程技术，使系统呈现智能的效果，但并不考虑实现方法与人的机体实现机理是否相同。其典型代表就是电脑下棋。另一种是模拟方法，它不仅看效果，而且看实现方法是否和人类所用方法相同或相类似，其典型代表是遗传算法。人工智能沿着视觉、听觉、触觉、感觉、思维的方向呈现前所未有的爆发式发展，通过线性回归和线性分类、逻辑回归、决策树、遗传算法、神经网络等方法应用于生活中，目前较为成熟的应用场景有指纹识别、人脸识别、视网膜识别、虹膜识别、掌纹识别、专家系统、智能搜索、定理证明、逻辑推理、博弈、信息感应、辩证处理等。人工智能在教育应用中呈现出智能化、自动化、个性化、多元化、协同化五个特征，主要有四大应用场景：智能导师系统、自动化测评系统、教育游戏与教育机器人。[①]

（二）人工智能支持的网络学习空间

自2012年提出“三通两平台”以来，网络学习空间的建设数量逐年增加，截至2018年4月，师生网络学习空间数量达到6300万个。[②]近年来，各学校在应用网络学习空间开展教学的过程中，积累形成了海量的过程数据，这就要

① 梁迎丽，刘陈．人工智能教育应用的现状分析、典型特征与发展趋势．中国电化教育，2018，（03）：24-30.

② 杜占元．人工智能与未来教育变革．中国国情国力，2018，（01）：6-8.

求人工智能技术助力其迈向智能发展状态。以人工智能技术为支撑的网络学习空间，能够有效实现学习环境重构、资源供给优化、教学模式变革、评价方式重塑、服务模式创新、治理水平提升，从而为个性化、创新性人才的培养奠定基础。

二、新一代互联网与网络学习空间

（一）互联网发展历程与应用场景

网络由若干个结点和连接这些结点的链路组成，网络互连组成互联网，连接全球的互联网络即是因特网。因特网发展历程包括三个阶段，第一阶段是从单个的阿帕网（ARPANET）向互联网发展，这个阶段使所有使用TCP/IP协议的计算机都能利用互联网相互通信；第二阶段是逐渐形成三级结构的因特网，主要分为主干网、地区网和企业网（或校园网），这个阶段因特网规模急剧增大，其主干网的速率也大大提高；第三阶段，逐渐形成了多层次的ISP结构的因特网，ISP是因特网服务的提供者，这个阶段的因特网逐渐变成基于ISP的多层次、多结构网络。

互联网融合教育，在不同的阶段有不同的应用场景。互联网不但可以解决教育的成本问题，也慢慢颠覆和改变着教育形态，提高教与学的效率。当前互联网融合教育的应用场景有大规模视频教育，代表的技术有流媒体技术等；互动在线教育，代表的技术有Web2.0、异步前端技术和大数据技术等；混合式教与学，代表技术有虚拟现实、增强现实和融合现实等技术。

（二）5G支持的网络学习空间

5G是指第五代移动通信技术，概括来说，5G网络的特征有高数据速率、低传输时延、超大网络容量和高可靠性。随着网络学习空间的智能化发展，网络学习空间将融合语音识别、图像识别、大数据、虚拟现实等技术，5G支持的网络学习空间将提供更智能、更迅速、高体验的良性使用环境。相较于传统网络学习空间，5G网络与生俱来的优势支持的网络学习空间给师生带来更快、更好、更流畅的体验。超高带宽保证了网络学习空间的交互使用，保证了用户体验的人机交互界面。高速率和低时延使现实学习空间和网络学习空间常态化融合，录播、远程授课、远端教研将以无延时状态呈现。此外，5G支持的网络学习空间能够变革教学方式，产生新的网络学习空间教学应用场景，如游戏化课程、虚拟现实实验环境、增强现实实验环境、远程考试监测、网络学习行为追踪和挖掘、智能实验等。

第三章　网络学习空间提升自我效能感研究

第一节　网络学习自我效能感的研究[①②]

自我效能感（self-efficacy）是人们对自身完成某项任务或工作行为能力的信心或信念，是人们对自己是否能够成功地进行某一行为的主观判断。互联网与不断涌现的新兴信息技术，在教育方面的运用也越来越频繁、越来越趋向成熟，但网络学习是否能够影响自我效能感，改善学习质量，提高学习绩效呢？相关研究表明，自我效能感会对网络学习产生重要影响。因此，开展网络学习自我效能感的研究有着十分重要的意义。

一、网络学习自我效能感的涵义

（一）自我效能感的源起

自我效能感概念最早是由美国心理学家班杜拉于20世纪70年代末在《自我效能感：关于行为变化的综合理论》中提出的。他认为，自我效能感是人们对自身完成既定行为目标所需的行动过程的组织和执行能力的判断。[③]他赞同，

---

① 尹睿，谢幼如. 网络学习自我效能感研究引论：涵义、课题与启示. 中国电化教育，2010，(02)：26-30.

② 谢幼如，刘春华，朱静静，等. 大学生网络学习自我效能感的结构、影响因素及培养策略研究. 电化教育研究，2011，(10)：30-34.

③ 班杜拉. 思想和行动的社会基础——社会认知论. 林颖，等译. 上海：华东师范大学出版社，2001：552-553.

自我效能感是人们在特定的生活情境中，对自身操作行为控制的期望与能力，它能够将自我、情绪、行为以及社会技能相互联系起来，从而实现特殊目的。随后，班杜拉进行了大量的理论研究与实践探索，撰写了《人类事物中的自我效能机制》《变革社会中的自我效能》《自我效能：控制的实施》等一系列著作，丰富了自我效能感的理论，也为我国自我效能感的探究提供了重要参考。20世纪80年代，我国学者开始关注自我效能感，并在学校教育、心理咨询和治疗、培训管理等各个领域作了大量的理论研究与实践探索。如童星和缪建东通过探究自我效能感与大学生学业成就的关系，明晰了学习乐观的中介作用，为大学生提高学业成绩提供方法；[①]吴小婷等通过探讨自我效能感与心理弹性的关系，提出更加贴合实际的心理治疗方法；[②]郑晓旭等通过探究员工的社会自我效能感与工作倦怠之间的关系及其内在机制，为企业开展员工职业健康工作提供方法指导。[③]

（二）网络学习自我效能感的内涵

网络学习自我效能感（e-learning self-efficacy，E-LSE）是自我效能感的纵向延伸与发展。理解网络学习自我效能感的内涵，需要厘清自我效能感与学习自我效能感（learning self-efficacy）的概念。

很多学者进行了关于自我效能感的研究。如周国韬和戚立夫认为，自我效能感是指个体对自身能够对某一项行为实施的推测或判断，是个体进行某一行为的时候，对自己成功取得预期效果的确信程度。[④]周勇和董奇认为，自我效能感是个体对自己能否胜任某项活动的自信程度；[⑤]刘慧认为，自我效能感是个体对自己是否有能力完成任务的信念和信心。[⑥]

---

① 童星，缪建东. 自我效能感与大学生学业成绩的关系：学习乐观的中介作用. 高教探索，2019，(03)：16-21.

② 吴小婷，章新琼，王芹，等. 化疗前胃癌患者心理弹性与家庭功能、希望的关系：自我效能感的中介作用.现代预防医学，2018，45（10）：1822-1826.

③ 郑晓旭，陈娇，骆瑒，等. 社会自我效能感与工作倦怠的关系：社会交换视角下有调节的中介模型. 心理科学，2019，42（02）：350-357.

④ 周国韬，戚立夫. 人类行为的控制与调节——班杜拉的自我效能感理论述评. 现代中小学教育，1988，（04）：38-44.

⑤ 周勇，董奇. 学习动机、归因、自我效能感与学生自我监控学习行为的关系研究. 心理发展与教育，1994，（03）：30-33，15.

⑥ 刘慧. 论学业自我效能感的培养. 赣南师范学院学报，2003，（04）：57-60.

学习自我效能感是自我效能感的一个研究分支。边玉芳认为，学习自我效能感是指个体的学业能力信念，是学习者对自己能否利用所拥有的能力或技能去完成学习任务的自信程度的评价，是个体对控制自己学习行为和学习成绩能力的一种主观判断。[①]张敏等认为，学习自我效能感是指学生对自己学习能力的信念，即对自己能否完成学习任务和进行具体学习活动能力的主观评估。[②]王建侠认为，学习自我效能感是关于个体的学习能力的信念，是个体对能否利用自己所具备的学习能力或技巧去完成学习任务的自信程度，是个体对自己学习行为和学业成就的一种主观判断。[③]

网络学习自我效能感的概念源于计算机自我效能感（computer self-efficacy，CSE）和互联网自我效能感（internet self-efficacy，ISE）。计算机自我效能感是自我效能感在计算机领域中的具体体现，它是指个体对自己使用计算机能力的一种判断。它所描述的并非是个体使用计算机的能力，而是对这种能力的一种主观判断。随着互联网技术的迅速发展，研究者认为计算机自我效能感应该延伸至互联网中。于是，互联网自我效能感应运而生，它是指个体对自己使用互联网能力的一种知觉判断。互联网具有跨越时空的强大优势，使传统的教与学观念发生巨大变革，即从面授式教学走向网络化学习。在此基础上，网络学习自我效能感悄然兴起。

顾名思义，网络学习自我效能感是指个体对自己能在网络学习活动中取得成功的信念，是个体对自己使用计算机、网络信息资源或网络通信工具等完成学习任务的能力的一种主观判断。它是自我效能感在学习领域中的具体应用，更确切地说，它是计算机自我效能感和互联网自我效能感在学习领域中应用的具体体现。由此可知，网络学习自我效能感的概念内在地包含了计算机自我效能感和互联网自我效能感的基本内涵，但又是二者在融合基础上的延续与发展。

---

① 边玉芳. 学习自我效能感量表的编制. 心理科学，2004，(05)：1218-1222.

② 张敏，雷开春，张巧明. 中学生学习效能感的特点研究. 心理科学，2005，(05)：1148-1151，1095.

③ 王建侠. 近十年国内自我效能感的研究进展. 社会心理科学，2007，(Z1)：27-34.

（三）网络学习自我效能感的特征

1. 凸显学习性

从语言结构看，“网络学习自我效能感”应分解成“网络学习”与“自我效能感”。其中，“网络学习”是“自我效能感”的前置定语，它限定了“自我效能感”的属性。在这个意义上，与其他的自我效能感相比，网络学习自我效能感表现出一个明显的特征，即学习性。这主要体现在三个层面。首先，从知觉对象来看，网络学习自我效能感是个体对自身的“网络学习行为”“网络学习活动”“网络学习能力”的一种主观观照。而且，这种观照是以学习成功为指向的，也就是以最佳的学习绩效为导向。其次，从影响因素来看，因为人是认知、情感和意志的统一体，学习是认知、情感和意志的综合体现，所以，网络学习自我效能感的影响因素主要有先前的个人经验（关于网络学习的经验）、替代性经验、言语劝说（如语言上客观而中肯的鼓励和支持）以及在网络学习活动过程中的生理和情感状态（如压力或焦虑）。它们之间是相互作用、相互影响的。最后，从影响效应来看，网络学习自我效能感对网络学习的影响是全方位的。对学习动机与学习方式的影响，立足于过程维度；对学业成绩的影响，立足于结果维度。

2. 突出指定域

研究发现，自我效能感是有指定域的。自我效能感并不是一个反映学生个性特征的泛化概念，而是具有特定的任务指向性（task-specific）。例如，一个人也许在解决数学问题时具有较高的自我效能感，而在发表演说时则具有较低的自我效能感。所以，网络学习自我效能感是与特定任务、特定领域相联系的，亦即网络学习自我效能感是有指定域的，它突出对某一类或各类网络学习的某一方面规律与特性的表征。这主要体现在两个层面。一方面，依照网络学习的方式而言，网络学习有在线学习（e-learning）、远程学习（distance learning）、移动学习（mobile learning）等方式。相应地，网络学习自我效能感可以细分为在线学习自我效能感、远程学习自我效能感和移动学习自我效能感。另一方面，根据网络学习的内容而言，网络学习的内容具有学科属性。数学、英语、化学、科学等具体学科内容不同，其网络学习自我效能感的表现也不尽相同。所以，网络学习自我效能感是具有学科指向性的。

二、网络学习自我效能感的结构

随着互联网的兴起与新兴信息技术的出现，网络学习受到了前所未有的重视，日益成为一种重要的教育组织形式。大学生作为网络学习的主要使用人群，利用互联网获取资源与信息已经成为他们必须掌握的基本技能。然而，大学生在网络学习中存在网络成瘾、网络焦虑、信息迷航等现象，这在一定程度上导致网络学习困境的发生。网络学习自我效能感是指个体对自己能在网络学习活动中取得成功的信念，是个体对自己使用计算机、网络信息资源或网络通信工具等完成学习任务的能力的一种主观判断，它作为影响学生网络学习质量的重要因素而被广泛关注。基于此，本书在探讨网络学习自我效能感的理论基础上，分析网络学习自我效能感的结构并编制网络学习自我效能感量表，以期为大学生网络学习自我效能感的测量提供依据。

（一）相关理论依据

本书依据三元交互理论、合作学习理论与自主学习理论，分析网络学习自我效能感的结构，并从网络学习自我效能感结构的四个维度出发，编制大学生网络学习自我效能感量表。

1. 三元交互理论

作为社会认知理论之父，班杜拉提出行为主义存在着机械操作等缺陷，于是他结合勒温模型，从个体内部的意识活动出发，提出了三元交互理论，具体如图 3-1 所示。班杜拉的三元交互作用论说明了人的行为与人的个体因素及其外在环境之间相互作用的关系，强调了个体、行为和环境三者之间的交互作用。可以看出，三元交互作用中蕴含着构成自我效能的三个方面，即个体、行为和环境。其中，个体不仅可以直接与环境交互，同时也可以通过外部行为与环境交互；环境可直接反馈于个体本身，也可通过调节外部行为向个体反馈。网络学习中同样蕴含学习者、学习行为与支持学习活动的网络学习环境。其中，自我效能感能够对个体、行为和环境三个方面产生干预作用，即影响个体对自我学习情况的识别、个体对自我学习行为的控制与个体对自我学习环境的需求。

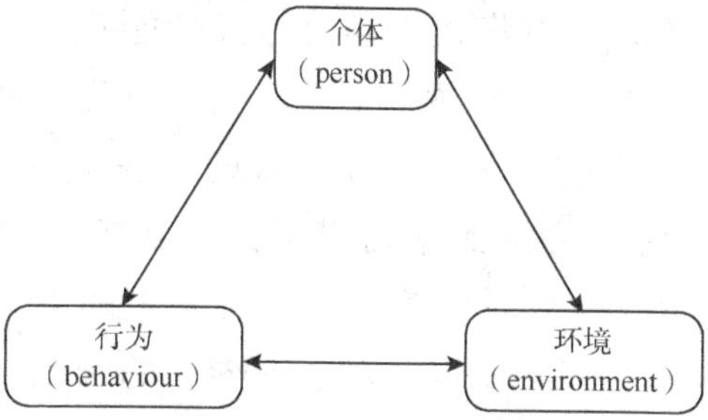

图 3-1　三元交互理论

2. 自主学习理论

自主学习是指学生作为学习的主体，在学习内容的选择、学习过程的实施等方面进行自我设计、自我管理、自我调节、自我检测、自我评价和自我转化的主动建构过程。随着网络技术的发展，自主学习在网络学习中运用得也较为广泛。网络自主学习主要指的是学生在教师的指导下，利用计算机网络提供的学习支持服务系统，结合网络环境中的学习工具与数字资源进行交互学习，从而实现有意义的知识建构的一种学习方式。

3. 合作学习理论

20 世纪 70 年代，美国学者罗伯特·斯莱文（R. Slavin）提出合作学习理论，他认为合作学习是指学生之间具有明确的责任分工，通过合作互助的方式开展学习的一种学习方式。合作学习有助于培养学生的沟通交流能力、锻炼学生的协作学习能力，有助于养成学生的集体意识。在网络学习环境中，个体的学习不仅仅依靠独立自主学习，还可以依托网络学习环境提供的相关工具开展合作学习。在网络合作学习中，学习小组成员不仅可以是同班同学，也可以突破时间与空间的限制，自由选择学习伙伴。学习小组成员可以根据自己的实际需要，选择自己喜欢的课题，针对某一主题性问题自由开展讨论，每个人都可以根据自己对问题的理解与看法发表真实意见。这有助于培养学生的口语交际能力、合作沟通能力与问题解决能力，也能够培养学生的网络合作精神，实现学生的个性化发展。

（二）网络学习自我效能感的结构解析

关于学习自我效能感的结构，不同学者结合自己的研究领域具有不同的观点与看法。如胡桂英和许百华认为学习自我效能感分为学习能力自我效能感和学习行为自我效能感两部分内容。学习能力自我效能感是学生对完成学习任务、取得良好学习成绩和避免学业失败的主观判断；学习行为自我效能感是学生对自己的学习行为达到学习目标的评估，是对自己行为结果的预期。[①]边玉芳认为，学习自我效能感主要包括基本的能力感和控制感。基本的能力感是学生对自身天赋的评价、对学习能力的判断以及对能否取得学习结果的主观评估；控制感是学生对自己学习任务的把握感和能否控制学习行为的主观评估。[②]

关于网络学习自我效能感的结构，多数研究从自我学习效能感的结构出发，结合网络学习的特点，提出网络学习自我效能感的结构维度。比如，杨晓丽通过理论研究、访谈、开放式问卷等方法，利用因子分析得出网络学习自我效能感的结构包括网络学习能力认知维度、网络操作能力认知维度、网络学习行为认知维度、网络学习效果认知维度和网络学习环境认知维度五个方面的结论。[③]邓璐通过开放式访谈、项目分析提出网络学习自我效能感的结构包括网络学习能力感、网络学习环境的把握感与网络学习行为的控制感三个方面。[④]

本书依据社会认知理论、合作学习理论与自主学习理论，结合自我效能感的结构分析，确定网络学习自我效能感的结构主要由个体、行为和环境三个要素组成。网络学习自我效能感包括个体本身的“能力感”、个体自身的“努力感”、个体对环境的把握感（“环境感”）以及个体对行为的“控制感”四个维度。具体如图 3-2 所示。

---

① 胡桂英，许百华. 初中生学习归因、学习自我效能感、学习策略和学业成就关系的研究. 心理科学，2002，（06）：757-758，724.

② 边玉芳. 学习自我效能感量表的编制. 心理科学，2004，（05）：1218-1222.

③ 杨晓丽. 大学生网络学习自我效能感问卷的编制及信效度分析. 改革与开放，2018，（08）：121-122.

④ 邓璐. 高中生网络学习自我效能感量表的编制以及与时间管理、网络动机之间的关系. 武汉：华中师范大学，2015：7-8.

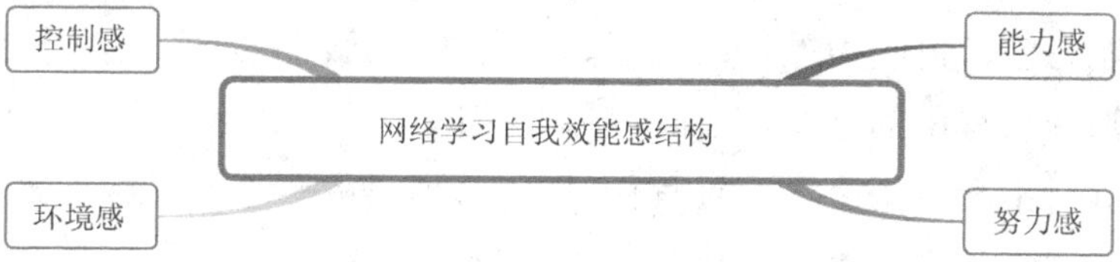

图 3-2　网络学习自我效能感结构

1）能力感是网络学习自我效能感最重要的维度，它包括个体对自己天资的认识、对网络学习结果的预期、对自己达成网络学习目标的认识、解决困难的信心等内容。

2）努力感是个体对自己能否做到努力学习的认识。网络学习自我效能感强的人认为自己能够管好自己，能让自己做到努力学习、专注于网络学习任务。

3）环境感是指个体对学习环境的感受，是个体对环境的把握感。个体对网络学习环境的感受、能否积极有效地利用网络学习环境、能否在需要的时候求助于人等都是网络学习自我效能感的重要组成部分。

4）控制感是个体能否对网络学习活动和学习行为进行控制的感受，它包括个体对网络学习实践的安排、控制自己不受外界干扰等内容。

三、网络学习自我效能感量表的编制

为编制科学的大学生网络学习自我效能感量表，本书结合三元交互理论、自主学习理论与合作学习理论，根据网络学习自我效能感的结构，采用开放式问卷对大学生的网络学习行为进行调查，初步编制大学生网络学习自我效能感量表，并在小范围内进行预发放，以剔除不合格的题目，然后将修正后的量表进行大范围发放，对收集的数据进行探索性因素分析，以保证量表的科学性。

（一）开放式问卷调查

为编制大学生网络学习自我效能感量表，笔者选择华南理工大学与华南师范大学部分学生进行开放式问卷调查，以找到大学生在网络学习过程中遇到的困难与障碍，共发放问卷 110 份，回收有效问卷共计 96 份。

通过对回收问卷的分析，笔者发现网络学习困难的学生主要存在的问题包括：搜索能力差、自制力差、网络学习过程中干扰因素过多、网络学习信息庞杂而难以筛选出有用的学习信息、网络学习时间长、注意力分散、网络资源可信度低、资料不全、网络学习过程中缺乏互动、网络学习过程中遇到问题不能及时解决、网络学习过程中缺乏相应的指导等。

而对网络学习自信心强的学生在学习的过程中自制力强、不易受到干扰、信息搜索能力强、网络学习目标明确、自主学习能力强、对网络学习有着浓厚的兴趣、能够合理地安排网络学习时间。

通过开放式问卷调查，发现大学生在网络学习过程中存在的一般性问题基本包括在网络学习自我效能感框架范围内，这在一定程度上保证了后续问卷编制的实用性与科学性。

（二）网络学习自我效能感量表的编制过程

根据开放式问卷调查结果，依据文献综述，参考相关量表，初步编制网络学习自我效能感量表，具体如表 3-1 所示。

利用所编制的大学生网络学习自我效能感量表初稿，选择华南师范大学传播专业、摄影专业、多媒体与技术专业的学生作为研究对象，共发放问卷 81 份，回收 81 份，有效问卷 80 份。

表 3-1　大学生网络学习自我效能感量表初稿

编号	题目	选项				
		非常赞同	赞同	中立	不赞同	非常不赞同
1	我自信能够通过网络学习取得良好的学习效果					
2	我能够应付网络学习过程中出现的大多数问题					
3	我能够克服困难并完成网络学习任务					
4	如果在网络学习中遇到难题，我通常能够找到几种解决的途径					
5	在上网学习过程中，我能够不受干扰完成学习任务					
6	我能够根据自己的实际情况制订网络学习目标					
7	我能够按照拟定的学习目标合理安排上网学习时间					
8	就算别人对网络学习持怀疑态度，我也坚信自己能够通过网络学习学到有价值的东西					

续表

编号	题目	选项				
		非常赞同	赞同	中立	不赞同	非常不赞同
9	我的同学认为我在网络学习方面很有方法					
10	我能够选择合适的关键词，借助搜索引擎查找学习资料					
11	当我在网上查找学习资料的时候，我能够很快从众多信息中找到我所需要的东西					
12	我经常帮助同学解决他们碰到的网络学习问题					
13	我会花精力通过各个渠道学习网络相关知识来提高我的上网技能和网络学习效率					
14	在网上下载各类有用的学习资源对我来说很容易					
15	使用网络进行学习对我来说很容易					
16	当我上网碰到难题时，我自信能够在网上寻找到相关信息，自己将它们解决					
17	相比其他多数同学，我相信我的网络技术更好一些					
18	我善于从以前上网学习的经历中总结经验					
19	我上网学习时可以保护自己的电脑免受病毒或其他方面的侵害					
20	我对于网络发展有很强的好奇心，能在较短的时间里掌握最新的网络技术					
21	经常有很多人来向我请教上网的问题					
22	我知道许多有用的学习网站地址					
23	我熟悉整个网络的使用环境					
24	我自信我知道的网络知识比其他同学更多					
25	我能够跟上当今网络软件更新的速度					
26	我自信能够迅速找到我需要的学习资料					
27	我同学认为我是一个网络高手					
28	我自信我可以非常熟练地使用网络各项基本功能，如浏览信息、收发邮件、BBS 发言等进行学习交流或写论文					
29	我自信能够很好地管理自己电脑中保存的学习资料					
30	我能够将自己的学习心得、学习资料等发表在学习论坛 BBS、博客或维基百科等上面与别人共享、交流					

1）项目通俗性分析。项目通俗性实质就是项目的得分率。本次问卷通过极端分组的方法，从最高分问卷开始，由高到低依次取出全部问卷的27%作为高分组；再从最低分问卷开始，由低到高依次取出全部问卷的27%作为低分组，分别计算高分组和低分组的项目的得分率，把两者相加取平均数即为可获得项目的得分率，具体如表3-2所示。

表3-2　量表各个项目的通俗性

项目	通俗性	项目	通俗性	项目	通俗性	项目	通俗性	项目	通俗性
1	0.036	7	0.031	13	0.035	19	0.034	25	0.028
2	0.033	8	0.037	14	0.037	20	0.034	26	0.031
3	0.034	9	0.030	15	0.037	21	0.030	27	0.033
4	0.036	10	0.042	16	0.037	22	0.028	28	0.025
5	0.026	11	0.036	17	0.037	23	0.033	29	0.036
6	0.032	12	0.030	18	0.030	24	0.029	30	0.031

各项目的通俗性直接影响分数的分析，通过分析可知，该量表的平均通俗性得分约为0.03，它们的标准差为0.01，因此该量表的项目通俗性较为理想。

2）项目区分度分析。项目区分度是指项目对被试实际水平的区分程度，它是评价项目质量和筛选项目的主要指标，也是影响测验效度的重要因素。一般来说，鉴别指数$D \geqslant 0.4$时，区分度很好；$0.4>D \geqslant 0.3$时，区分度较好；$0.2 \leqslant D<0.3$时，区分度尚可；当$D<0.2$时，区分度较差。计算该量表区分度，其结果如表3-3所示。通过鉴别指数的规则可知，第10题、第15题与第28题应删除。

表3-3　量表各项目区分度

项目	区分度D	项目	区分度D	项目	区分度D	项目	区分度D	项目	区分度D
1	0.35	4	0.44	7	0.45	10	0.18	13	0.34
2	0.34	5	0.37	8	0.35	11	0.40	14	0.33
3	0.46	6	0.40	9	0.36	12	0.34	15	0.18

续表

项目	区分度 D	项目	区分度 D	项目	区分度 D	项目	区分度 D	项目	区分度 D
16	0.34	19	0.34	22	0.40	25	0.34	28	0.19
17	0.43	20	0.40	23	0.36	26	0.37	29	0.30
18	0.32	21	0.35	24	0.35	27	0.34	30	0.21

3）探索性因素分析。通过对收集到的数据进行探索性因素分析，可以得出大学生网络学习自我效能感量表的结构模型。由巴特利特球形检验可知，KMO 统计量为 0.836，因此适合作因素分析。通过对 27 个项目进行主成分分析发现，因素一方差贡献率为 33.181%，因素二方差贡献率为 9.152%，因素三方差贡献率为 7.367%，因素四方差贡献率为 5.312%，因素五方差贡献率为 4.870%，因素六方差贡献率为 4.061%，因素七方差贡献率为 3.515%。同时 27 个项目经过主成分分析和正交旋转后所得因素矩阵如表 3-4 所示。

表 3-4 27 个项目经过主成分分析和正交旋转后所得因素矩阵

题目	因素一	因素二	因素三	因素四	因素五	因素六	因素七
A18	0.570						
A19	0.735						
A20	0.517						
A21	0.642						
A23	0.676						
A24	0.674						
A1		0.812					
A2		0.715					
A3		0.765					
A4		0.564					
A5		0.741					
A6		0.595					
A9		0.480					
A12			0.783				

续表

题目	因素一	因素二	因素三	因素四	因素五	因素六	因素七
A17			0.585				
A25			0.551				
A27			0.612				
A30			0.657				
A8				0.473			
A22				0.731			
A26				0.770			
A29				0.776			
A7					0.501		
A13					0.739		
A11					0.835		
A14						0.716	
A16							0.713

通过第一轮大学生网络学习自我效能感量表的测试，对区分度不明显的项目进行删除，最后保留 27 个题目。然后对 27 个题目进行探索性因素分析，发现一些测验因素不在自我效能感的范畴之中，因此通过排除与资料题相关不显著的项目、排除极端项目、排除因素负荷小于 0.45 的题目等方式，最终形成如表 3-5 所示的大学生网络学习自我效能感量表。

表 3-5　大学生网络学习自我效能感量表

编号	题目	选项				
		非常赞同	赞同	中立	不赞同	极不赞同
1	我自信能够通过网络学习取得良好的学习效果					
2	我能够应付网络学习过程中出现的大多数问题					
3	如果在网络学习中遇到难题，我通常能够找到几种解决的途径					
4	在上网学习过程中，我能够不受干扰完成学习任务					

续表

编号	题目	选项				
		非常赞同	赞同	中立	不赞同	极不赞同
5	我能够根据自己的实际情况制订网络学习目标					
6	我能够按照拟定的学习目标合理安排上网学习时间					
7	当我在网上查找学习资料的时候，我能够很快从众多信息中找到我所需要的东西					
8	我经常帮助同学解决他们碰到的网络学习问题					
9	我会花精力通过各个渠道学习网络相关知识来提高我的上网技能和网络学习效率					
10	在网上下载各类有用的学习资源对我来说很容易					
11	使用网络进行学习对我来说很容易					
12	当我上网碰到难题时，我自信能够在网上寻找到相关信息，自己将它们解决					
13	相比其他多数同学，我相信我的网络技术更好一些					
14	我上网学习时可以保护自己的电脑免受病毒或其他方面的侵害					
15	经常有很多人来向我请教上网的问题					
16	我知道许多有用的学习网站地址					
17	我熟悉整个网络的使用环境					
18	我自信我知道的网络知识比其他同学更多					
19	我自信能够很好地管理自己电脑保存的学习资料					
20	我能够将自己的学习心得、学习资料等发表在学习论坛BBS、博客或维基百科等上面与别人共享、交流					

四、网络学习自我效能感量表的检验

本次采用大学生网络学习自我效能感量表（表3-5），抽样选取广东省6所高校的564名大学生进行试测，采用因素分析法，分析量表的通俗性、区分度、结构及信度，以保证大学生网络学习自我效能感量表的科学性。

（一）项目通俗性分析

对收集的564份调查数据进行项目通俗性分析，结果如表3-6所示。该量表的平均通俗性得分约为0.65，计算它们的标准差为0.01，因此认为该量表的项目通俗性较理想。

表3-6　量表各个项目的通俗性

项目	通俗性	项目	通俗性	项目	通俗性	项目	通俗性
1	0.80	6	0.70	11	0.64	16	0.46
2	0.74	7	0.56	12	0.48	17	0.78
3	0.55	8	0.57	13	0.74	18	0.46
4	0.61	9	0.76	14	0.65	19	0.84
5	0.74	10	0.65	15	0.54	20	0.80

（二）项目区分度分析

对收集的564份调查数据进行项目区分度分析，结果如表3-7所示。在该量表项目区分度中，区分度D均大于0.3，说明该量表区分度比较理想，因此该量表的20道题符合测量学标准。

表3-7　量表各项目区分度

项目	区分度D	项目	区分度D	项目	区分度D	项目	区分度D
1	0.41	6	0.32	11	0.35	16	0.37
2	0.37	7	0.42	12	0.32	17	0.43
3	0.40	8	0.34	13	0.35	18	0.42
4	0.38	9	0.38	14	0.37	19	0.34
5	0.43	10	0.32	15	0.34	20	0.32

（三）探索性因素分析

通过对收集的564份调查数据进行探索性因素分析，可以得出该大学生网络学习自我效能感量表的结构模型。通过巴特利特球形检验可知，KMO 统计量为 0.848，因此适合作因素分析。通过对 20 个项目进行主成分分析，按照特征根大于 1 为标准来截取因素数目，则可以得到四个因素。因素一方差贡献率为 42.210%，因素二方差贡献率为 7.152%，因素三方差贡献率为 8.307%，因素四方差贡献率为 6.421%，累计方差贡献率为 64.09%。同时 20 个项目经过主成分分析和正交旋转后所得因素矩阵如表 3-8 所示。

表 3-8　20 个项目经过主成分分析和正交旋转后所得因素矩阵

题目	因素一	因素二	因素三	因素四
A1	0.832			
A2	0.540			
A7	0.422			
A10	0.643			
A11	0.632			
A14	0.480			
A16	0.621			
A19	0.521			
A20	0.492			
A3		0.489		
A8		0.764		
A13		0.632		
A15		0.562		
A17		0.531		
A18		0.536		
A4			0.658	
A5			0.744	
A6			0.643	
A9				0.576
A12				0.453

因素一主要是大学生对于自身使用网络进行学习的能力判断与信念。该因素由诸如“我自信能够通过网络学习取得良好的学习效果”“我能够应付网络学习过程中出现的大多数问题”“当我在网上查找学习资料的时候，我能够很

快从众多信息中找到我所需要的东西”等题组成，因此将因素一命名为“网络学习者自我能力感”。

因素二是大学生对自己能否做到努力学习的判断，是对自己能否努力掌握学习所需技能的判断。因素二主要由“如果在网络学习中遇到难题，我通常能够找到几种解决的途径”“我经常帮助同学解决他们碰到的网络学习问题”等题组成，因此将因素二命名为“网络学习者自我努力感”。

因素三是大学生对自己使用网络学习是否比周围人好，以及与组内人比较感知自己实现网络学习能力的判断，集中反映了大学生在使用网络进行学习时对环境的感知。因素三主要由“在上网学习过程中，我能够不受干扰完成学习任务”“我能够根据自己的实际情况制订网络学习目标”等题组成，因此将因素三命名为“网络学习者对环境的把握感”。

因素四表达的是网络学习者对自己网络学习任务的把握感以及能否控制网络学习行为的主观判断。因素四主要由“我会花精力通过各个渠道学习网络相关知识来提高我的上网技能和网络学习效率”“当我上网碰到难题时，我自信能够在网上寻找到相关信息，自己将它们解决”等题组成，因此将因素四命名为“网络学习者对自身行为的控制感”。

（四）信度分析

本节采用内部一致性信度和重测信度作为检验问卷信度的指标。量表的一致性系数为0.921，各个维度测题的一致性信度为0.72～0.89，说明整个量表具有较高的同质性。

五、研究结论

大学生网络学习自我效能感对学生开展网络学习影响巨大，一方面可以影响学生的网络学习成绩，另一方面还会影响学生网络学习技能的发展。基于此，本节通过分析网络学习自我效能感的内涵，理清网络学习自我效能感的结构，利用问卷法编制大学生网络学习自我效能感量表，并进行分析、修改与完善量表，最终编制出信效度较高的网络学习自我效能感量表，以期为大学生网络学习自我效能感的测量提供相关工具与方法指导。

第二节 网络学习空间提升自我效能感的策略研究[①]

一、问题的提出

当前，随着互联网的发展以及新兴技术的出现，网络学习凭借突破时空限制、突出学生主体地位、实现因材施教等优势受到广大研究者的关注。然而，面对学习环境与学习方式的转变，学习者在网络学习过程中存在着动机不足、自制力差、学习效果不显著等问题，这对网络学习的发展提出了新的挑战。

相关研究表明，网络学习自我效能感是影响学生网络学习效率的重要因素，因此提升学生网络学习自我效能感具有重要意义。基于此，本节通过文献研究与问卷调查探究大学生网络学习自我效能感的影响因素，然后根据现状调查提出相关培养策略并开展教学实践，以验证培养策略的有效性，以期为利用网络学习空间提升自我效能感提供方法指导。

二、网络学习自我效能感的影响因素

（一）相关研究综述

探究大学生网络学习自我效能感的影响因素，对于提升大学生网络学习自我效能感，促进大学生网络学习成效具有重要作用。许多学者针对网络学习自我效能感的影响因素展开了研究，如李建南认为网络课程、支持平台以及网络环境等因素是影响网络学习效果的重要因素；[②]尹睿和许丹娜通过实证研究，发现网络学习环境中的学习内容、学习支持和学习社会结构等对大学生的网络

① 谢幼如，刘春华，朱静静，等. 大学生网络学习自我效能感的结构、影响因素及培养策略研究. 电化教育研究，2011，(10)：30-34.

② 李建南. 网络自主学习中自我效能感的影响因素研究. 西安：西安理工大学，2010：67-68.

学习自我效能感具有重要影响；[①]赵惠等认为大学生的网络学习自我效能感与学习者的时间投入、学习兴趣、学习压力和应对策略等个体因素具有紧密的关系。[②]同时，已有研究表明，网络学习自我效能感与网络应对策略、计算机焦虑等具有紧密联系。基于此，本节内容结合网络学习自我效能感的影响因素分析，探究自我效能感、计算机焦虑、网络应对策略等与网络学习自我效能感的关系。

（二）网络学习自我效能感的影响因素分析

1. 样本选择

根据研究实际需要，从华南理工大学、河北师范大学、华中科技大学、西南大学 4 所高校，随机选择 384 名大学生作为研究对象，其中男生 138 名、女生 246 人，具体研究对象情况如表 3-9 所示。

表 3-9　研究样本构成（N=384）　　单位：人

项目		性别		合计
		男	女	
专业	文科	72	122	194
	理科	66	124	190
年级	一年级	27	78	105
	二年级	54	84	138
	三年级	34	63	97
	四年级	23	21	44

① 尹睿，许丹娜. 网络学习环境与大学生学习自我效能感的相关性研究. 中国远程教育，2011，(10)：50-53，95-96.

② 赵惠，李昂，梁雨. 网络环境下高校英语学习者网络自我效能感影响因素及提升研究. 英语教师，2018，18 (10)：47-52.

2. 工具确定

（1）大学生网络学习自我效能感量表

本次测量主要采用自编的大学生网络学习自我效能感量表，具体如表 3-5 所示。该量表主要分为能力感、努力感、环境感、控制感四个维度，共计 20 道题，按照五级评分，最高得分为 100 分，个体得分越高表明其网络自我效能感越高。

（2）网络应对策略问卷

此次网络应对策略问卷主要改编台湾学者编制的计算机应对量表。本问卷主要分为解决问题、暂时搁置、逃避问题、求助他人四个维度，共 14 道题，其中克龙巴赫 α 系数为 0.71，说明该量表具有较高的信度。

（3）计算机焦虑量表

本次计算机焦虑量表主要改编自中国台湾学者编制的 9 个项目组成的计算机焦虑问卷，该问卷采用李克特五级评分，其中克龙巴赫 α 系数为 0.90，说明该量表具有非常高的信度。

（4）网络硬件与网络经验调查表

本次网络硬件与网络经验调查表主要采用中国学者改编的网络经验调查表，该调查表主要从问卷使用频数、网络每周使用时间、接触网络时间等方面衡量学习者的网络经验，其中克龙巴赫 α 系数为 0.67，说明该量表具有较高的信度。

3. 影响因素分析

（1）大学生网络学习自我效能感与个人基本条件的关系

1）大学生网络学习自我效能感与性别、年级的关系。通过调查可知，不同性别的大学生在网络学习自我效能感方面存在着差异。其中，男生估计的边际均值高于女生，说明男生比女生具有更高的网络学习自我效能感水平。年级水平与大学生网络学习自我效能感之间呈显著正相关，即大三和大四网络学习自我效能感水平普遍高于大一、大二，大四达到最高水平，具体如图 3-3 所示。

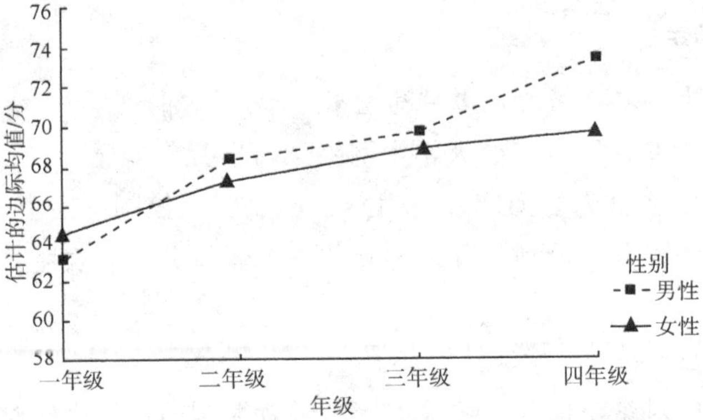

图 3-3　不同性别、不同年级的大学生网络学习自我效能感发展总趋势

2）大学生网络学习自我效能感与专业的关系。由表 3-10 可知，不同专业的大学生在网络学习自我效能感方面有着显著性差异。其中，理科学生在总分和网络学习自我效能感四个因素上的得分均高于文科学生，说明理科学生比文科学生具有更高的网络学习自我效能感。

表 3-10　不同专业的大学生网络学习自我效能感平均数差异的显著性检验

分析项	性别	M	SD	SE	t	p
总分	理科	66.536	14.223	0.928	4.321	0.000
	文科	63.231	13.317	0.716		
自我能力感	理科	41.341	8.102	0.478	4.145	0.000
	文科	33.532	7.652	0.425		
自我努力感	理科	13.237	3.654	0.214	4.346	0.000
	文科	11.326	3.107	0.202		
环境把握感	理科	5.467	2.473	0.189	4.653	
	文科	4.342	2.432	0.156		
行为控制感	理科	4.532	2.147	0.254	4.784	0.000
	文科	4.341	2.03	0.213		

3）大学生网络学习自我效能感与上网条件的关系。通过调查发现，大学生拥有计算机的概率为 86.2%，能够方便上网的概率为 81.2%。大学生是否拥

有网络硬件设备和大学生网络学习自我效能感水平的显著性检验如表 3-11 所示。通过表 3-11 可知，上网条件较好的大学生的网络学习自我效能感显著高于缺乏网络学习硬件设备的大学生，即大学生网络学习自我效能感与上网条件呈显著正相关。

表 3-11　大学生是否拥有网络硬件设备与网络学习自我效能感水平的显著性检验

分析项	是/否	*M*	*SD*	*SE*	*t*	*p*
拥有计算机	是	68.215	13.258	0.914	3.243**	0.002
	否	61.325	14.281	1.851		
方便上网	是	68.241	15.210	0.821	4.143**	0.000
	否	61.840	14.281	1.621		

**表示 $p<0.01$，下同。

（2）大学生网络学习自我效能感与网络应对策略的关系

本节利用平均数加减一个标准差的方法，挑选出网络学习自我效能感高分者和网络学习自我效能感低分者，其中，高分者 51 人，低分者 54 人，一般水平的学生 179 人。对网络学习自我效能感三类不同水平的大学生运用的网络应对策略进行方差分析，结果发现，不同网络学习自我效能感水平的学生在解决问题与寻求资源、暂时搁置、逃避问题、求助他人四个策略上均存在显著性差异。由图 3-4 可知，在解决问题策略方面，高分者显著性高于一般水平者和低分者；在暂时搁置策略方面，高分者和一般水平者显著性都要比低分者更高；在逃避问题策略方面，低分者显著性高于高分者和一般水平者；在求助他人策略方面，低分者与高分者差异不大，但是显著性低于一般水平者。由此可见，大学生网络学习自我效能感与解决问题策略、暂时搁置策略呈显著正相关，与逃避问题策略呈显著负相关。

（3）大学生网络学习自我效能感与计算机焦虑、网络经验的关系

由表 3-12 可知，大学生网络学习自我效能感水平与计算机焦虑、网络经验之间存在显著相关。其中，大学生网络学习自我效能感与计算机焦虑呈显著负相关，大学生网络学习自我效能感与网络经验呈显著正相关。

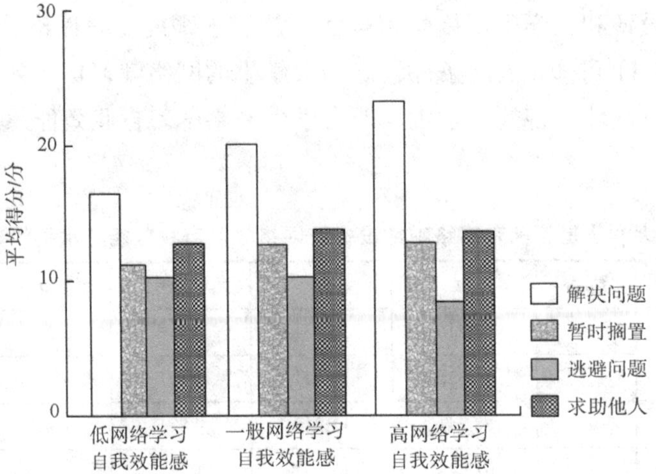

图 3-4 不同网络学习自我效能感水平大学生在网络应对策略上的平均得分

表 3-12 大学生网络学习自我效能感与计算机焦虑、网络经验之间的相关性

分析项	大学生网络学习自我效能感水平	计算机焦虑
计算机焦虑	–0.641*	
网络经验	0.418	–0.350*

三、网络学习空间提升自我效能感的培养策略

（一）增加成功经验

来自实践的成功经验主要是指学习者先前完成任务时的成功体验。成功的经验可以提升自我效能感，失败的经验会导致学习者的自我效能感降低。班杜拉指出，学习者亲身经历的成败对自我效能感影响最大，因为它为学习者能否完成任务提供了最真实的体验①。所以，增加学习者的成功体验对自我效能感的提高尤为重要。为了提升大学生的网络学习自我效能感，需要提高学习者的计算机技能和网络搜索能力，为学习者设置合理的学习目标，对学生进行多元化评价，增加学习者网络学习的成功体验。

① 高亮，邓鹏. 班杜拉“自我效能感”理论在数学教学中的运用. 大庆师范学院学报，2010，30（03）：152-153.

1. 为学习者设置合适的学习目标

教学目标是学生学习结果的预期。为了在网络学习的过程中增加学生的成功经验、提升学生的自我效能感，教师应该将长期的、复杂的学习目标进行分解，逐步细化成短期的、具体的学习目标。同时教师还可以根据学生水平的差异，帮助学生设置最适合自己的学习目标。通过设置合适的学习目标，学习者能够根据自己的实际情况自定义步调进行网络学习，从而有效增加成功经验，帮助学生提升网络学习自我效能感。

2. 通过培训提高学习者信息技术应用能力

网络学习过程中，学习者的信息检索、信息筛选、信息判断、信息组织、信息管理等能力会直接影响其自我效能感，因此教师在授课之前应对学习者的网络学习相关技能进行培训，从而降低学习者使用计算机的焦虑，保证网络学习能够正常进行。此外学习者应该具备一定的信息技术应用能力，可以通过自学、参与培训等方式，努力提升自己使用计算机、互联网的能力。

3. 引导学习者掌握学习策略

良好的学习策略可以帮助学习者获得较好的学习能力，掌握一定学习策略的学习者在遇到学习困难时具有较强的自信心，他们能够尝试运用多种方法解决网络学习过程中遇到的问题。同时掌握学习策略，能够帮助学习者更为有效地运用合适的学习方法开展学习，从而提升学习效率，增强网络学习自我效能感。因此，教师在辅导学习者进行网络学习时，应结合网络课程的特点，教会他们基本的学习策略；学习者在日常的学习过程中也需要不断积累经验，掌握学习的基本策略。

4. 实行激励性多元化的学习评价制度

学习评价是检验学习者学习效果的重要指标。实行多元化的学习评价制度，就应该做到评价主体多元、评价方式多样、评价类型多种。在网络学习过程中，学习者可以进行自评，学习者之间可以进行互评，同时教师、家长也可以参与评价，以实现评价主体多元；可以采用质性评价与量化评价相结合的评价方式；还可以采用知识小测、单元测试、项目实践、期末测试等多样化的评价类型。此外，教师对学习者评价时，应尽量使用鼓励性、肯定性的语言增强他们的自我效能感，而不要挫伤学习者的自尊心、积极性。

（二）利用替代性经验

替代性经验是学习者提升自我效能感的又一种重要方式，它是指学习者观察他人成功完成任务的行为。在平常的学习过程中，学习者不能决定自己的学习行为会导致成功还是失败，除非他看过别人做类似的事情，因此需要树立学习榜样。在网络学习过程中，榜样不仅可以是网络学习者、教师，还可以是自己。当学习者超越榜样，其自我效能感就会得到提高；相反，其自我效能感便会降低。但在网络学习过程中并不容易促使学习者观察同伴的成功经验。在网络学习环境中，教师可以选择成绩优异、具有较高的信息技术应用能力的学生，将这些学生分配到不同的小组中作为学习榜样，以带动其他学生开展学习。

（三）言语说服

人们经常使用言语说服来提高学习者的网络学习自我效能感，这是因为使用言语说服相对便捷、简单。说服者的信誉和能力在说服学习者的过程中发挥着重要的作用。接受者要把说服者看成是一个能够提供有意义的、准确的反馈信息的人。与传统教学不同的是，网络学习环境中，师生一般处于时空上的分离状态，学习者的情感交流相对弱化，学习过程中常伴有孤独感。因此，要为师生、生生间的交互建立良好的平台，如 QQ 群、微信群、博客网站等，并确保交互的有效进行，以提升学习者的网络学习自我效能感。

（四）学习过程中生理和情感状态的调节

在形成自我效能感信念时，人们会依赖情感和心理上的反馈。压力、痛苦和疲劳等可用来判断一个人的心理和情感状态。目前的文献表明[①]，为了提高学习者的网络学习自我效能感，网络学习者应该增强自我调控能力，学会一些放松的技巧，及时调整自己的心态。同时，网络教育者应当为学习者创造轻松的学习环境，减轻他们的压力，采取一定的措施降低学习者的焦虑感。网络教育者还可以引导学习者进行正确的网络学习归因，帮助他们树立科学、合理的

① 章文捷. 关于激发远程学习者的自我效能感的实验. 福建广播电视大学学报，2006（04）：52-54.

归因理念。

下文结合网络学习自我效能感的影响因素分析，从网络应对策略、计算机焦虑、网络经验三个维度提出大学生网络学习自我效能感的培养策略，具体如表 3-13 所示。

表 3-13　大学生网络学习自我效能感的培养策略

影响因素	培养策略		具体做法
网络应对策略	网络应对能力	掌握网络学习资源的获取途径及方法	①向学生介绍网络学习资源的获取途径和方法 ②建议学生将常用网址放在收藏夹中
		习得网络学习策略	结合网络学习任务的特点，教会学生资源管理策略、认知策略、元认知策略等
		增强师生、生生之间的互动交流	通过 QQ、电子邮件、BBS 等，对学生所处的困难情境或所面对的问题给予关怀和支持
计算机焦虑	降低计算机焦虑	培训计算机技能	根据学习需求，对相关计算机技能进行培训
		网络学习平台设计合理	①导航系统的设计要以清晰、简洁、可控性强为原则 ②网络学习资源的选取应满足学习的需求，不宜过多
		熟悉网络学习环境	介绍网络学习平台的功能模块设置，并给学生充足的时间熟悉平台及相关操作
网络经验	丰富成功的网络经验	设置个性化的学习目标	依据最近发展区理论，合理设置学习目标
		制订学习计划	①对学习任务进度和时间安排进行详细规划 ②对网络学习活动分类整理，从中发现自己在利用时间上存在的问题，寻求解决办法
		合作学习	以异质分组的方式形成学习共同体
		多元化评价	①教师、学生都是评价的主体，实行教师评、自评和他评三种方式 ②以设置的学习目标为标准，实行学习契约评价 ③建立学习档案袋，对学生取得的点滴进步及时给予表扬
		优秀成果的分享交流	①展示优秀作品 ②邀请学生分享交流成功经验
		正确归因	对成绩优异者，教师应强调其个人努力、已掌握的知识、技能等方面；对于网络学习成绩差的学生，教师应强调外部不可控因素的影响

四、网络学习空间提升自我效能感培养策略的效果分析

（一）样本选择

本节依据上述分析，选取华南师范大学数学与应用数学专业 66 名学生为研究对象，选取“信息化教学过程设计”“WebQuest 网络学习资源的设计”“Flash 课件制作”三个专题开展为期 3 个月的教学实践，针对网络应对策略、计算机焦虑和网络经验等影响因素，采用行动研究方法，开展提升大学生网络学习自我效能感的培养策略研究。

（二）工具确定

本节主要采用自编的大学生网络学习自我效能感量表，具体如表 3-5 所示。

（三）效果分析

本节采用大学生网络学习自我效能感量表在实验前后对大学生网络学习自我效能感的水平进行测量，并将前后测数据进行配对样本 t 检验，以分析培养策略的应用效果。

1. “提高网络应对能力”培养策略的效果分析

将“提高网络应对能力”培养策略实施前后大学生的网络学习自我效能感水平进行配对 t 检验，如表 3-14 所示，“提高网络应对能力”培养策略前后测数据在小于 0.01 的水平上发生显著性差异，验证了“提高网络应对能力”培养策略的有效性。

表 3-14　“提高网络应对能力”培养策略前后测数据的配对 t 检验

分析项		成对差分					t	df	p
		M	SD	SE	差分的 95% 置信区间				
					下限	上限			
对 1	前测-后测	−0.189	2.774	0.341	−2.58	−1.21	−5.546	65	0

2. “降低计算机焦虑”培养策略的效果分析

将“降低计算机焦虑”培养策略实施前后大学生的网络学习自我效能感水平进行配对 t 检验，如表 3-15 所示，“降低计算机焦虑”培养策略前后测数据在小于 0.05 的水平上发生显著性差异，验证了“降低计算机焦虑”培养策略的有效性。

表 3-15　“降低计算机焦虑”培养策略前后测数据的配对 t 检验

分析项		成对差分					t	df	p
		M	SD	SE	差分的 95% 置信区间				
					下限	上限			
对 1	前测-后测	−2.44	7.814	0.962	−4.19	−0.35	−2.363	65	0.021

3. “丰富成功的网络经验”培养策略的效果分析

将“丰富成功的网络经验”培养策略实施前后大学生的网络学习自我效能感水平进行配对 t 检验，如表 3-16 所示，“丰富成功的网络经验”培养策略前后测数据在小于 0.01 的水平上发生显著性差异，验证了“丰富成功的网络经验”培养策略的有效性。

表 3-16　“丰富成功的网络经验”培养策略前后测数据配对 t 检验

分析项		成对差分					t	df	p
		M	SD	SE	差分的 95% 置信区间				
					下限	上限			
对 1	前测-后测	−5.88	9.065	1.116	−8.11	−3.65	−5.269	65	0

五、研究结论

本节通过对大学生网络学习自我效能感的结构、影响因素及培养策略的研究，得出以下结论。

1）研究表明，大学生个人基本条件对其网络学习自我效能感有影响，男生的网络学习自我效能感水平高于女生，理科生的网络学习自我效能感水平高于文科生，年级水平与大学生网络学习自我效能感水平之间呈显著正相关，上网条件与大学生网络学习自我效能感水平呈显著正相关；网络应对策略水平对大学生网络学习自我效能感有影响，其中，大学生网络学习自我效能感与解决问题策略、暂时搁置策略呈显著正相关，与逃避问题策略呈显著负相关；计算机焦虑水平与大学生网络学习自我效能感呈显著负相关；网络经验与大学生网络学习自我效能感水平呈显著正相关。

2）提升大学生网络学习自我效能感的培养策略包括：提高网络应对能力、降低计算机焦虑、丰富成功的网络经验等。

第三节　网络学习空间提升自我效能感的行为模式①

网络学习自我效能感是指个体对自己能在网络学习活动中取得成功的信念，它直接影响大学生的网络学习绩效。我国教育信息化“三通两平台”的推进和发展、《网络学习空间建设与应用指南》的出台为大学生的网络学习提供了广阔的途径。本节通过分析网络学习空间与自我效能感的契合点，搭建提升大学生网络学习自我效能感的空间；在此基础上，以行为科学理论为指导，选择“教育技术研究方法”课程开展教学应用，对大学生网络学习行为进行观察分析，通过三轮行动研究，构建了提升大学生网络学习自我效能感的行为模式。实践证明，该行为模式对提升大学生网络学习自我效能感和学习绩效具有积极的作用。

一、问题的提出

随着网络技术的迅速发展，网络学习已成为当今大学生的一种主流学习方式。国家一系列教育信息化建设工程的推进与实施，大大加快了大学生网络学习方式的普及。我国教育信息化建设“十二五”的核心目标与标志工程是“三通两平台”。“三通”，即“宽带网络校校通”“优质资源班班通”“网络学习空

① 谢幼如，伍文燕，倪妙珊. PLS 提升大学生网络学习自我效能感的行为模式研究. 电化教育研究，2015，36（06）：31-36.

间人人通”。“网络学习空间人人通”是推进“三通工程”的核心和难点。2018年教育部发布《网络学习空间建设与应用指南》，在一定程度上规范了网络学习空间的基本组成与功能。信息时代大学生的学习突显出个性化、自主性的鲜明特点。面对学习环境、学习方式的转变，大学生往往会出现不适应的情况，导致学习困难，从而影响学习绩效。网络学习行为是指发生于网络学习环境中、与学习相关的各种行为。在网络学习中，行为主体是学习者，行为客体主要为数字化学习资源，行为发生的环境主要为网络学习环境。鉴于此，开展网络学习空间提升大学生自我效能感的行为模式研究，对促进大学生网络学习行为方式的转变具有积极作用。

二、网络学习空间的构建

网络学习自我效能感是影响学习者网络学习绩效的重要主观心理因素之一。在设计网络学习空间时，充分考虑自我效能感的影响因素，对大学生的网络学习具有重要的意义。

（一）网络学习空间与学习自我效能感

1. 网络学习空间

网络学习空间作为信息时代新型的网络教育应用形式，它是帮助学习者聚集、组织、加工和处理学习资源的工具的集合，体现了个性化学习、社会化交往、开放和共享资源的思想，能为学习者提供一个可以进行自主学习、个性化学习、协作学习、探究性学习的虚拟空间。综合国内外网络学习空间研究现状和对网络学习空间功能特性的分析，可以总结出创建网络学习空间必不可少的构成要素包括学习资源、技术工具、学习活动、学习共同体、评价与反思等。

（1）学习资源

资源是网络学习中必不可少的重要元素，网络学习空间中的资源主要是指以文本、音频、视频等媒体形式存在的信息资源，以及由专业领域内的专家、教师、同行学者，以及学科爱好者组成的人力资源，这些资源的重要特征表现为资源的动态变化性。网络学习空间中的网络学习者，可以利用信息化教学工具，通过学习、反思等活动创造与产生新的学习内容和知识，从而使学习环境获得可持续发展。

（2）技术工具

技术工具是网络学习空间的基础，学习者可以利用目前比较流行、简单易用的技术工具设计个性化的学习空间，营造满足自身需求的学习环境；同时也可利用技术工具进行知识的获取、创造、管理、共享等。其中常用的技术工具包括知识交流工具（如学习社区等）、知识产生与共享工具（如维基百科等）、知识搜索工具（如百度、谷歌等）等。

（3）学习活动

网络学习者在网络学习空间中的一切学习行为都是围绕学习活动展开的。学习者可以根据教师制订的学习安排、学习进度等进行正式学习。由于大学生的自学能力较强，因此他们可以根据自己的学习进度和需要，自定义学习计划、学习目标与学习内容，并通过撰写学习日志进行自我反思和总结提升。

（4）学习共同体

人是学习空间中最活跃的因素。人与人之间的交流、合作使学习空间充满活力，网络学习者也能够从中获得归属感，从而使学习空间获得可持续发展。学习交流的主体主要由学习共同体和学习者个体组成。学习者在网络学习空间中具有较强的自主性，但自主并不代表独立。在网络学习空间中，学习者可以与其他个体形成学习共同体，在进行交流和互动的过程中思想产生碰撞，从而擦出智慧的火花，激发创造力。个体学习者也可以通过访问其他学习者或者专家教师的网络学习空间，并利用搜索工具、留言工具等，与专家教师交流讨论学习过程中遇到的问题。

（5）评价与反思

学习评价包括自我反思、他人评价和诊断性评价、形成性评价、总结性评价，体现出评价主体和评价方式的多元。学习者通过自我反思，可以发现自己已经达到的学习阶段，再与学习目标相比，了解自己在哪些方面需要作出更多努力，同时反思学习方法是否合理、学习计划是否周全等，进而指导自己后续的学习，不断达成学习目标。他人评价充分发挥评价主体的作用，使评价结果更为客观，激发学习者的学习积极性。而诊断性评价、形成性评价和总结性评价，能使学习者更好地掌握自身的学习情况，及时调整学习计划，进行查缺补漏。

网络学习空间建设与应用的重要内容主要是聚焦学生学习过程与教育管理过程中的行为数据，通过学习分析等技术，开展学情诊断，评估教学效果，提供个性化学习服务，支持精细化管理与决策。网络学习空间包括教师空间、学生空间、家长空间与管理者空间，能够调动各类公共应用服务。一般来说，网络学习空间的功能特性主要体现在：①具有游戏所拥有的自由、平等、创造的特点，能为学习者营造轻松愉快的学习氛围，提高他们的学习动机和兴趣。②可以通过组建群组，形成学习共同体，加强学生的凝聚力，培养学生协作互助的意识，减少传统教学中存在的交往障碍；同时各级各类学校的网络学习空间基本能够实现互联互通，联通教育管理者、教师、学生、家长四个主体，从而为开展网络学习空间应用提供基础支持。③在网络学习空间下，教学交往的主体（主要是教师和学生）利用信息技术工具（如论坛、收藏夹、日志等）、学习支架和模板、学习资源等，为完成共同的学习任务而进行信息交流、资源获取整理和加工、学习评价反思、知识共建共享等活动，形成多样化的问题解决途径，以达到相互作用、相互影响、共同进步与共同发展的目的。深入探索网络学习空间在教学、管理中的作用，能够有效促进教师教学与学生学习的展示与分享，从而助力教学效率的提升。④网络学习空间能提供给学生最强的环境把握感，学生可以按照自己的需要，通过自定义学习环境，调整学习空间的功能模块、修改页面风格、添加学习工具等，形成个性化、易操作的网络学习空间，从而避免因环境不适产生紧张、不安等情绪，提高他们对环境的把握感。

2. 网络学习自我效能感的影响因素

关于大学生网络学习自我效能感的影响因素的研究，主要从人口学变量、心理学、教育学和技术等方面进行。人口学变量因素主要包括大学生所在地区、院校、年级、年龄及性别；心理学层面提出的网络学习自我效能感的影响因素主要包括大学生的计算机焦虑、网络焦虑、学习焦虑、计算机态度、网络态度和学习态度；教育学层面因素主要包括大学生的网络学习经验、学习方式等；技术层面提出的网络学习自我效能感的影响因素包括个人基本条件、上网条件、网络应对策略、计算机焦虑水平和网络经验。同时，网络学习环境对网络学习自我效能感也具有一定的影响，相关研究从学习内容、学习支持和学习的社会结构三个维度揭示了网络学习环境与大学生学习自我效能感具有相关性。[①]本节在已有研究的基础上，提出大学生网络学习自我效能感的影响因素。这些影响因素包括人格特质、网络学习经验、网络学习环境、计算机焦虑、网络应对策略等五个方面。

3. 网络学习空间与学习自我效能感的契合点

基于以上对网络学习空间的功能特性和网络学习自我效能感的影响因素的探讨，通过细化分析和比较，得到二者的相关契合点，如表 3-17 所示。从表 3-17 中可以看出，网络学习空间的有关功能与作用，对于调控大学生网络学习自我效能感各影响因素具有促进作用。

表 3-17　网络学习空间与学习自我效能感的契合点

项目	网络学习自我效能感影响因素		网络学习空间的功能特性
人格特质	乐群性、聪慧性、稳定性、恃强性、兴奋性、有恒性、敢为性、敏感性、怀疑性、幻想性、世故性、忧虑性、实验性、独立性、自律性、紧张性		教学交往、学习交往
网络学习经验	学习态度	学习动机、兴趣	教育游戏、吸引力、个性化学习目标
	学习技术	学习策略	学习资源、工具
		学习模式	个性化学习、协作学习
		评价方式	多元评价
		归因方式	激励机制
		自我监控学习行为	个人知识管理
		时间管理倾向	团队学习、自主学习
		成就目标	探究性学习、自主学习
网络学习环境	学习内容		资源丰富
	学习支持		学习工具、及时反馈
	学习的社会结构		学习共同体、教学互动

① 尹睿，许丹娜. 网络学习环境与大学生学习自我效能感的相关性研究. 中国远程教育，2011，(10)：50-53，95-96.

续表

项目	网络学习自我效能感影响因素	网络学习空间的功能特性
计算机焦虑	计算机经验	个性化、易操作
	计算机态度	
	计算机自我效能感	
网络应对策略	问题解决与寻求资源策略	学习支架和模板、资源推送
	暂时搁置策略	学习反思
	逃避问题策略	
	求助他人策略	互动讨论、答疑辅导、短消息

1）人格特质与教学交往、学习交往。网络学习空间能够帮助学习者克服传统交往的障碍，减少学习者的敏感性、怀疑性、忧虑性、紧张性，从而使学习者的学习持续稳定。网络学习空间通过提供多样化的互动工具，也能在一定程度上增强学习者在交往过程中的乐群性、兴奋性等。

2）网络学习经验与学习资源、个性化学习、多元评价等。网络学习经验主要分为学习态度与学习技术。学习技术包括学习策略、学习模式、评价方式、归因方式、自我监控学习行为、时间管理倾向与成就目标。网络学习空间具有游戏所拥有的自由、平等、创造的特点，可以使学习者在学习中体验到幸福感和成就感，从而提高学习动机与学习兴趣；网络学习空间提供多样化资源和工具，学习者能够在学习过程中寻找到适合自己的学习方式与策略；网络学习空间也能够实现个性化学习、协作学习，从而培养学生的协作沟通能力；网络学习空间还能够提供多种评价方式，如“鼓掌”“送花”“砸鸡蛋”“留言”“论坛互动”“反思日志”等，从而丰富学习评价制度。此外，在归因方式、自我监控学习行为、时间管理倾向与成就目标等方面，网络学习空间也能够提供一定的工具支持，从而提升学生的网络学习自我效能感。

3）网络学习环境与资源、学习工具、学习共同体。网络学习环境包括学习内容、学习支持与学习的社会结构等内容。丰富适切的学习资源，符合学生的认知发展，满足学生的学习需要，从而能有效帮助和促进学生对内容的理解。在学习支持方面，网络学习空间提供网络学习工具，方便学习者查找下载学习资源、帮助学习者分析整理学习内容，从而更好地完成学习任务。网络学习空间能够促使学习者形成学习小组，学习小组成员通过互动交流，能够有效解决学习中遇到的困难。

4）计算机焦虑与个性化、易操作。降低计算机焦虑主要通过增加大学生与计算机相关的知识与经验，熟悉网络学习环境的各个功能模块等方式来解决。学习者在使用网络学习空间的过程中，教师可以先对学生进行网络学习空间操作技巧培训，以增加学生使用网络学习空间的相关知识和经验。学生也可以根据自身的需要，自定义学习环境，调整学习空间的功能模块，以提高对环境的把握感。

5）网络应对策略与学习支架和模板、学习反思、互动讨论等。网络应对策略主要包括问题解决与寻求资源策略、暂时搁置策略、逃避问题策略、求助他人等策略。网络学习空间可以通过提供学习支架与模板、学习日志、学习论坛等功能，帮助学习者寻找多样化的解决问题途径，从而有针对性地解决学习过程中的问题。

（二）网络学习空间的构建过程

网络学习空间的构建方法多种多样，如运用社会性软件（博客等）、社会聚合器（谷歌、卓豪等）方式。本节的网络学习空间是指在 Discuz！（Crossday Discuz! Board）开源平台上实现的网络系统。Discuz！的基础架构采用世界上最流行的 Web 编程组合 PHP+MySQL 实现，能够进行较大限度的个性化设定。Discuz! 5.5.0 内置了迷你个人空间（Minispace）功能，它的最大特色在于，它以 Discuz！论坛为基础，与 Discuz！无缝结合，为每个用户提供了一个展示自我的个人空间。用户可以非常方便地发布自己的博客、图片、文件、书签等，并且能自动同步到以个人为中心的页面中。

在 Discuz！平台上，学习者注册账号后，即在课程学习空间中获得一个展示自我的个人空间。通过 DIY 个性化设置，可修改空间版式、风格、模块等，从而搭建属于自己的、个性化使用和管理的网络学习空间，如图 3-5 所示。在网络学习空间中，学习者可以通过添加好友、组建群组等方式，与其他同学建立联系，并通过好友互访、留言、回复等进行互动。除此之外，学习者在课程学习空间中还拥有“资源共享区”“学习讨论区”“热点排行榜”“公告栏”等公共模块。总体说来，基于 Discuz！的网络学习空间的搭建过程简单易行，且实现的学习空间功能多样，具有明显的个性特征。

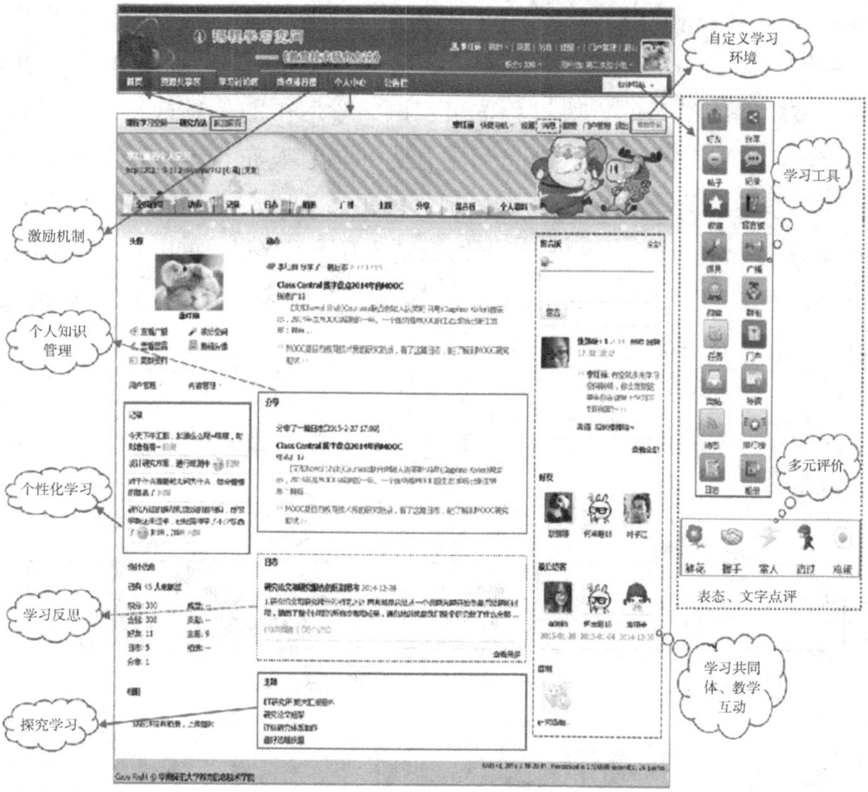

图 3-5　提升自我效能感的网络学习空间

总之，本节所构建的网络学习空间具有如下特点：①旨在提升大学生网络学习自我效能感；②学生拥有个人展示页面，学习过程、讨论资料等信息存档方便，易于教师了解学生的学习情况；③多样的互动交流方式，使得教师和学生能获得即时反馈；④多样的学习工具帮助学习者更好地进行知识管理，增强学习者对环境的把握感。

三、学生网络学习行为的分析

（一）分析内容

对网络学习行为分类可采用 S-F-T 分类模型，即结构（structure）维度、功能（function）维度和互动（teractive）维度。功能维度，即按照信息操作的功能进行网络学习行为的分类，将网络学习行为的功能泛化为信息操作，也称信息行为。按照网络学习的一般过程，可将网络学习中的信息行为分为信息查询行为、信息组织与加工行为、信息运用行为和信息发布行为。基于已有研究，本节将网络学习行为分为以下几类：基于信息查询（searching）的学习行为、基于信息浏览（browsing）的学习行为、基于信息组织与加工（processing）的学习行为、基于信息发布（publishing）的学习行为和基于信息交流（exchanging）的学习行为，如图 3-6 所示。

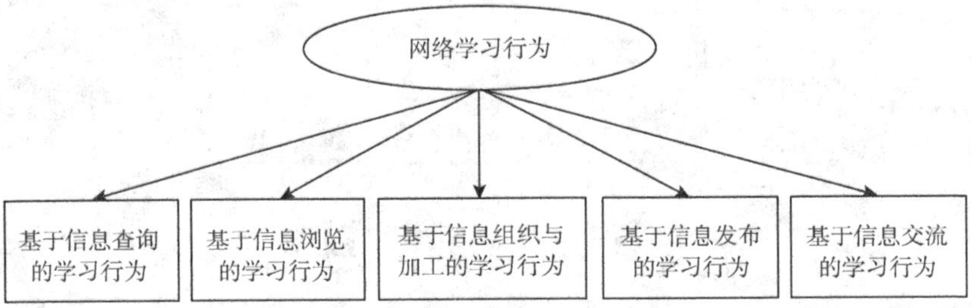

图 3-6　网络学习行为分类

1. 基于信息查询的学习行为

这类网络学习行为主要是指学习者带着问题，借助检索工具来检索信息以求得答案的行为，要检索的内容可以是知识概念、课程目标、教学案例等。

2. 基于信息浏览的学习行为

这类学习行为主要通过浏览网站资源来获得信息。信息浏览包括有目的的浏览和无目的的浏览。学习者在开始学习时浏览的内容不一定很准确，有可能是随机的，在随机浏览信息的过程中获得知识；学习者在学习过程中可能带着某个问题，通过浏览教学平台的数字化资源寻求解决问题的方法。

3. 基于信息组织与加工的学习行为

网络上的资源丰富多样，但是良莠不齐，因此，学习者需要对这些信息资源进行相应的处理，包括对资源的取舍、保存、整理、重组、归档等，这类学习行为一般包括资源收藏及整理、信息资料分享及重组、电子笔记、制作网络作品等。

4. 基于信息发布的学习行为

学习者通过网络工具向其他个体或外界发布相关信息，主要包括上传文件、分享作品、发布帖子、发表文章、发送消息、创建记录、发布活动、投票等。学习者通过发布网络信息，一方面可以与他人分享自己的资源，另一方面可以表达自己的需求。

5. 基于信息交流的学习行为

网络为学习者提供了一个可以随时随地和任何人交流的平台。学习者在网络平台上与人交流沟通可以避免面对面交流时出现的害羞尴尬局面，这也使得学习者之间的沟通交流越来越多样。

（二）分析方法

纵观网络学习行为的相关研究，获取网络学习行为的数据可采用心理及行为科学的研究方法，如实地观察法、问卷调查法及访谈法，以及信息技术领域的研究方法，如 Web 日志分析法、代理服务器、客户端 JavaScript 等。其中，观察法（observational research）和调查法（survey research）是行为科学中两种重要的描述性研究方法。观察法指的是研究者对研究对象的行为进行实地观察、记录，从中发现行为规律的一种方法。调查法主要为问卷调查。在网络学习行为研究中，实施观察法的优点是，能直接观察、记录学习者的学习过程和学习行为，以及一切有用的信息，为研究提供充分的材料；缺点是效率较低、较为费时费力，难以大规模实施。本节主要采用和实施了观察法和调查法开展研究。

（三）分析工具

根据行为科学理论，对行为的分析可从那些能够观察到的和可量化的东西出发。行为本身具有层级性结构，行为是活动的实现单位，而具体操作是行为的实现单位，活动、行为与操作之间可以相互转化。[①]因此，本节基于网络学习行为类型维度及网络学习行为级别层次的视角，构建了多层次、多维度的网络学习行为观察表，如表 3-18。在具体实施观察时，对查找知识概念、

① 李松林. 课堂教学行为分析引论. 教育理论与实践，2005，(07)：48-51.

查找学习资源、查看课程公告等较难观察到的个体行为操作，辅以调查法，通过对学习者的学习行为进行观察、调查和描述分析加以研究。

表 3-18　基于网络学习空间的学习行为观察表

行为类别	操作	操作次数	小计	占总操作数百分比
基于信息查询的学习行为	查找知识概念			
	查找学习资源			
基于信息浏览的学习行为	查看课程公告			
	查看动画、音频、视频等资源			
	查看论坛帖子内容			
	查看回复、评论、留言等			
	查看排行榜			
	查看他人空间			
基于信息组织与加工的学习行为	下载学习资源			
	整理学习资源			
	做笔记			
	设计、制作、发布作品			
基于信息发布的学习行为	发布共享资源			
	写反思日志			
	记录学习动态			
	讨论组上发帖			
	发布投票等意见			
基于信息交流的学习行为	去论坛交流互动			
	用 QQ 在线交流			
	互评（文字点评、鲜花、握手、雷人、路过、鸡蛋）			
	电子邮件交流			
	发表留言			
	发送短消息			
	添加好友			

四、学生网络学习行为模式的构建

（一）行动研究的设计

本节采用行动研究方法，以行为科学理论为指导，选取华南师范大学“教育技术研究方法”课程作为个案与切入点进行实践探讨。为了便于分析和观察，本节选取“研究选题与方案制订”“教育技术评价研究”“研究报告（论文）撰写”三个专题作为研究内容（表3-19）。同时，根据学生网络学习自我效能感的前测成绩，采用分层抽样的方法，选取自我效能感水平高、中、低的学生共18名进行观察分析，不断修改和完善网络学习空间提升大学生自我效能感的行为模式。

表3-19　三轮行动研究计划

研究专题	研究计划
研究选题与方案制订	第一轮行动研究　（2014.09.23—2014.11.04）
教育技术评价研究	第二轮行动研究　（2014.11.05—2014.12.02）
研究论文（报告）撰写	第三轮行动研究　（2014.12.03—2015.01.06）

（二）网络学习行为的研究与分析

1. 第一轮行动研究与分析

第一轮行动研究的目的在于对大学生网络学习行为特点进行观察、分析，初步归纳出网络学习空间提升大学生网络学习自我效能感的行为模式。同时通过观察与统计分析，发现网络学习空间中存在的不足，提出对应的改进策略，完善课程学习空间网站。在第一轮行动研究中，教师和学生均在课程学习空间中申请了账号，参与到课程学习空间中进行学习和交流，借助网络丰富的资源以及便捷的沟通交流方式，完成了项目实践提出的学习任务。然后根据上文设计的“基于网络学习空间的学习行为观察表”（表3-18），利用观察法和调查法对18名大学生在网络学习空间中留下的信息进行统计分析。表3-20显示了每位学生的行为操作频率。操作频率最高的学习行为是“基于信息浏览的学习行为”，其次是“基于信息交流的学习行为”。其中，“查看论坛帖子内容”“查看回复、评论、留言等”“查看动画、音频、视频等资源”子类操作次数较多，说明学习者善于利用资源开展自主学习；而“发布共享资源”“写反思日志”等子类占据比例最小，说明学习者自主性不强，不善于利用资源，不积极生成资源，共享意识薄弱。

表 3-20　第一轮行动研究中网络学习行为操作频率表　　单位：%

学生	1	2	3	4	5	6	7	8	9	10	11	12	13	14	15	16	17	18
信息查询	20	10	39	35	5	11	41	3	17	19	8	15	17	20	1	14	10	3
信息浏览	26	39	84	62	15	44	93	43	46	136	30	21	50	53	3	33	7	16
信息组织与加工	6	7	9	24	6	13	47	19	11	43	12	3	18	29	3	14	3	7
信息发布	0	0	0	1	1	0	2	2	2	4	0	0	3	1	0	0	0	0
信息交流	37	32	55	53	14	25	80	41	86	86	54	7	47	34	18	48	28	18
行为总计	89	88	187	175	41	93	263	108	162	288	104	46	135	137	25	109	48	44

2. 第二轮行动研究与分析

在第二轮研究中，针对前一轮研究存在的问题进行改善。首先，为促进学生之间的互动交流，设置学生在课程学习空间中的访问权限，由原来允许组内发言、讨论、访问同组成员空间，改成全班同学相互访问，以增强师生互动效果；其次，为提升网络应对策略，加强教师的引导作用，通过提供学习支架和模板，使学生获得问题解决策略，从而提升网络应对能力；最后，为获得网络学习经验，鼓励学生多查看其他小组已完成的作品，并通过排行榜激励学生，使学生从同类学习小组中获得成功经验。

通过观察分析发现，本轮网络学习行为操作频率最高的是基于信息交流的学习行为，其次是基于信息浏览的学习行为。同时，从操作总数看，学生总操作频率高于第一轮，基于信息发布的学习行为所占比例也显著高于第一轮，这说明学生开始从单纯的信息浏览者，转变为信息的创造者。从五种网络学习行为所占的比重看，基于信息组织与加工的学习行为和基于信息发布的学习行为仍占较小比重，这与此两种行为花费时间较长有关。

3. 第三轮行动研究与分析

在第三轮研究中，为进一步提升学生的个人知识管理能力，在课程学习空间中加入了“订阅”“推荐”“收藏”功能，方便学生对资源进行分类管理。

通过对第三轮的观察分析发现，学生已逐步养成利用网络学习空间进行学习的行为习惯。在本轮中，学生能充分发挥同伴互助作用，利用网络学习空间中提供的学习工具和资源完成学习任务。相比于第二轮，学生在知识管理能力上有所提升，主要表现为“基于信息组织与加工的学习行为”所占比重明显提高，其中“整理学习资源”子类的频率相对较高。

（三）基于网络空间的大学生学习行为模式的特点

通过以上三轮的“计划—行动—观察—反思”活动，构建了网络学习空间提升大学生自我效能感的行为模式，如图 3-7 所示。

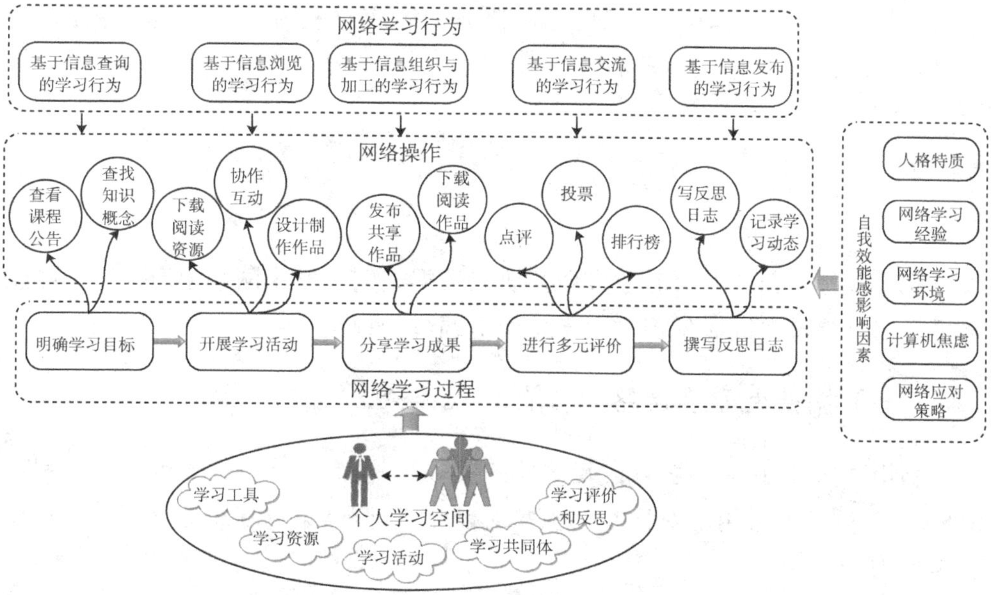

图 3-7　网络学习空间提升大学生自我效能感的行为模式

该行为模式体现了网络学习空间、网络学习过程、网络学习行为、自我效能感的关系，而且具有以下鲜明的特点。

1）在网络学习空间搭建时，充分考虑自我效能感的影响因素；在整个网络学习过程中，也以自我效能感的提升为导向。

2）充分发挥网络学习空间对学习过程的支撑作用，体现为在“明确学习目标”“开展学习活动”“分享学习成果”“进行多元评价”“撰写反思日志”等环节中提供有效的资源、工具和技术支持等。

3）在网络学习过程中，学生学习行为包括信息的查询、浏览、组织、加工、发布和交流等，而且通过相应的网络操作来表征。如在“明确学习目标”中，学习者通过查找知识概念、查看课程公告等，明确学习目标；在“开展学习活动”中，学习者利用网络学习空间中形成的学习团体，借助论坛、QQ、短信消息等工具，协作互助达成目标；在“分享学习成果”中，通过基于信息发布的学习行为，在网络学习空间中发布分享各自成果，形成榜样示范效应；在“进行多元评价”中，通过排行榜、点评、投票等方式进行多元评价，进行正确归因；在“撰写反思日志”中，借助网络学习空间中的日志模块撰写日志，在反思中更好地认识自己，提高网络应对能力，从而提高网络学习自我效能感。

五、应用效果分析

应用该行为模式开展教学实践，研究数据表明大学生网络学习自我效能感水平有明显提升，同时能促进大学生学习绩效的提高。

（一）提升大学生网络学习自我效能感

利用“大学生网络学习自我效能感量表”进行三轮的前测和后测，利用SPSS17.0 软件，采用配对样本 t 检验对前测-后测结果进行统计分析，结果如表 3-21 所示。

表 3-21 表明，后测 1 与前测的双尾检验 p 为 $0.01<0.028<0.05$，后测 1 与后测 2 的双尾检验 p 为 $0.01<0.013<0.05$，说明前测与后测 1 以及后测 1 与后测 2 之间均存在差异；后测 2 与后测 3 之间的双尾检验 p 为 $0.000<0.01$，差异显著。可见，基于网络学习空间的学习行为模式对大学生自我效能感的提升产生

了积极影响。

表 3-21　网络空间提升大学生学习自我效能感的前测-后测数据配对 t 检验

分析项		成对差分					t	df	p
		M	SD	SE	差分的 95% 置信区间				
					下限	上限			
对 1	前测-后测 1	−2.390	6.700	1.046	−4.505	−0.275	−2.284	40	0.028
对 2	后测 1-后测 2	−1.073	2.630	0.411	−1.903	−0.243	−2.612	40	0.013
对 3	后测 2-后测 3	−1.415	1.184	0.298	−2.009	−0.820	−4.808	40	0.000

（二）提高大学生的学习绩效

本节中学生学习绩效的提高，主要体现在研究实践能力的提升上。根据“研究选题与方案制订”“研究方法的应用”“研究论文（报告）撰写”三个专题的评价量表对学生作品进行评价，结果如下。

1）三个专题的总得分率分别为 87.25%、86.00%和 86.63%，这说明学生的项目实践作品水平优良。

2）学生的研究设计在“选题”方面的得分率为 90.42%，反映了学生具有较好的研究选题能力；学生在“内容”方面的得分率为 86.75%，说明学生教育技术研究方案的设计能力较强，并能在实践中合理应用教育技术研究方法。但在学生作品中，“表达”方面的得分率相对较低（83.75%），说明学生的研究论文写作能力还有待于进一步提高。

六、研究结论

本节根据“关系分析—空间搭建—应用探究—模式构建—效果测量”的思路，开展网络学习空间提升大学生自我效能感的行为模式研究，得出以下结论。

本节在行为科学理论指导下，采用行动研究方法，构建了网络学习空间提升大学生自我效能感的行为模式，该行为模式体现了网络学习空间、网络学习过程、网络学习行为、自我效能感的关系。

通过应用实践，验证了该行为模式对提升大学生网络学习自我效能感和学习绩效具有积极的作用。

第四节　网络学习空间提升自我效能感的效果分析[①]

随着“三通两平台”建设的深入推进，利用网络学习空间提升大学生自我效能感的研究具有重要的理论意义与实践价值。本节采用准实验研究方法，在课程教学中，通过设计和应用网络学习空间，探究提升大学生网络学习自我效能感的具体效果与主要影响因素。研究表明，应用网络学习空间能逐步提升大学生的网络学习自我效能感，而且累积应用效果非常显著；在应用网络学习空间过程中，大学生自我效能感各维度提升效果不同，其中“能力感”“努力感”“环境感”提升效果较为显著。同时，“学生个体在网络学习空间中的社会存在感”“网络学习空间的功能支持”“大学生网络学习行为模式”是影响网络学习自我效能感提升效果的主要因素，针对这三个影响因素，本节分别提出相应的干预策略。

随着“互联网+”时代的到来，大学生的学习方式发生了巨大的变革，网络学习方式逐渐流行。然而，大学生尤其是初学者在进行网络学习时往往会由于不适应网络学习环境和学习方式而产生学习焦虑或学习困难，这些问题和大学生的网络学习自我效能感密切相关。

2015年9月，教育部办公厅发布《关于“十三五”期间全面深入推进教育信息化工作的指导意见（征求意见稿）》，明确提出“创新网络学习空间人人通建设与应用模式，拓展信息时代教育教学、管理与服务方式”。2018年4月，教育部发布《网络学习空间建设与应用指南》，再次提出要“推动网络

① 谢幼如，盛创新，杨晓彤，等. 网络学习空间提升自我效能感的效果研究. 中国电化教育，2016，(01)：34-40.

学习空间的深入发展，规范网络学习空间的建设与应用，促进教学方式与学习方式变革，创新教育服务模式与管理体制机制”。作为网络学习的一种具体实现形式，网络学习空间对大学生网络学习自我效能感的培养具有积极的理论与实践意义。

研究围绕大学生网络学习自我效能感的内涵结构与培养策略、网络学习空间提升大学生自我效能感的行为模式等进行了一系列的研究，在此基础上，本节将进一步探究以下问题。

1）应用网络学习空间提升大学生自我效能感有无效果？效果的具体情况如何？

2）影响效果提升的主要因素有哪些？应采取的干预策略是什么？

一、研究述评

（一）网络学习空间的研究

网络学习空间是指基于互联网，采用网络技术搭建的一种新兴的学习环境，它能为学习者提供学习支架，以及提供促使学习者自我反思、自主管理等方面的学习支持服务。网络学习空间主要包括学习资源、学习工具、学习活动、学习共同体、评价和反思等内容，并具有教学交往、学习交往、学习支架和模板、教育游戏、情感支持、学习共同体、个人知识管理、多元评价、学习反思等特性。目前关于网络学习空间的研究主要集中在基本建设、教学应用、相关策略等方面。在基本建设方面，祝智庭和管珏琪从空间结构、接入环境、支持服务、用户能力四个维度建构“网络学习空间人人通”建设一般框架，以期为网络学习空间的建设提供指导。[①]在教学应用方面，张立新和秦丹以分布式认知理论作为理论基础，对网络学习空间中的学习活动过程进行了分析，从搭建有效的社会互动平台、创建知识创生有效路径、提供工具沉浸型学习支持系统三个方面，探讨了网络学习空间中保障学习有效进行的基本路径。[②]在策略方

① 祝智庭，管珏琪.“网络学习空间人人通”建设框架. 中国电化教育，2013，(10)：1-7.

② 张立新，秦丹. 分布式认知视角下个人网络学习空间中有效学习的保障路径研究. 电化教育研究，

面，尹睿等以广州市中学名师工作室为基点，以广州市互动教学教研系统的“教师工作坊”为依托，从教师设计思维的发生过程出发，构建了网络学习空间支持教师设计思维发展的三大策略，即支持教师确立以设计框架为目的的同伴互助策略、支持教师改进以设计模式为目的的课例研究策略和支持教师反思以教学实践为目的的引导反思策略，以帮助教师在知识内化与外化相互作用中实现知识创造，进而促进教师设计思维的不断发展。①

（二）网络学习自我效能感培养策略研究

网络学习自我效能感是指个体对自己能在网络学习活动中取得成功的信念，是个体对自己使用计算机、网络信息资源或网络通信工具等完成学习任务的能力的一种主观判断。它是自我效能感在学习领域中的具体应用，更确切地说，它是计算机自我效能感和互联网自我效能感在学习领域中应用的具体体现。当前，对网络学习自我效能感的培养策略主要有内在和外在两方面。内在策略中最重要的是调节情感因素。例如，通过培训学习者的计算机技能、合理设计网络学习空间平台、促进学习者熟悉网络学习环境等，能够有效降低学习者的计算机焦虑，从而提高学习者的自我效能感。还有学者从帮助学习者获得更多的成功经验、提升个人能力和个人品质等方面提出相应的培养策略。②如设置个性化的学习目标、制订合适的学习计划、积极开展合作学习、实施多元化评价、进行优秀作品展示等能够丰富学习者的网络经验，从而提高学习者的自我效能感。外在培养策略主要是指利用网络环境和情感环境等对网络学习行为实施干预。网络环境强调为学习者提供便利的网络学习条件、学习支持、协作交流平台等；情感环境强调他人的替代性经验，同伴、教师、同龄人的社会语言劝说以及鼓励学习者积极参与互动沟通等。

2018，39（01）：55-60.

① 尹睿，郭华平，何斯婧，等. 个人学习空间支持教师设计思维发展策略探索. 中国电化教育，2018，(06)：31-37，51.

② Usher E L，Pajares F. Sources of academic and self-regulatory efficacy beliefs of entering middle school students. Contemporary Educational Psychology，2006，31（02）：125-141.

（三）网络学习空间与自我效能感

网络学习环境是影响网络学习自我效能感的重要因素之一，网络学习空间作为特殊的网络学习环境，是提高学习者网络学习自我效能感的重要方式。因为影响大学生网络学习自我效能感的个人特质与网络学习空间所具有的教学交往、学习交往等功能相契合，学习动机、学习态度与网络学习空间中的教育游戏、虚拟奖励等功能相契合，所以，可通过应用网络学习空间来提升大学生的自我效能感。如王霞从网络学习的学习准备、学习过程、学习评价三个阶段提出网络学习空间培养自我效能感的功能，包括搭建虚拟学习共同体、建立学习平台、提供信息检索和情感交流工具等；[①]李伟和刘畅在此基础上进一步提出网络学习空间提升大学生网络学习自我效能感的策略以及虚拟社区提高学习自我效能的理论模型。[②]

结合相关研究述评，本节以分析网络学习空间提升大学生自我效能感的效果为目的，采用准实验研究方法，具体研究设计和实施过程如下。

二、研究设计与实施

（一）研究设计

1. 研究对象

本节选取华南师范大学教育技术学本科生作为研究对象，依托“教育技术研究方法”课程（48学时）开展实验。

2. 实验方案

本实验采用单组前测后测时间序列准实验研究，实验方案如表3-22所示。自变量（X）为网络学习空间的应用，因变量（Y）为大学生网络学习自我效能感。

---

① 王霞. 基于MOODLE平台的网络学习自我效能感促进策略研究. 保定：河北大学，2011：53-54.

② 李伟，刘畅. 大学生学习行为模式与学习效果相关性的实证研究. 中国青年研究，2006，(11)：39-43.

表 3-22　实验方案

	前测	实验处理（X）	后测（Y）
G_1（实验组）	O_0	应用网络学习空间	
		第一轮应用	O_1
		第二轮应用	O_2
		第三轮应用	O_3

首先，对被试进行前测，分析当前大学生网络学习自我效能感初始水平，发现存在问题；其次，根据发现的问题，通过开展三轮应用行动，有针对性地应用网络学习空间来提升大学生的网络学习自我效能感；最后，对前后测数据进行分析以检验提升效果。

3. 测量工具

本节的测量工具采用本团队所研制的“大学生网络学习自我效能感量表”。该量表依据“能力感”“努力感”“环境感”“控制感”四个维度制定，是一个经过实践检验的相对成熟的量表。量表共包括 20 个题项，其基本构成如图 3-8 所示。其中“能力感”是网络学习自我效能感最重要的维度，它包括个体对自己天资的认识、对网络学习结果的预期、对自己达到网络学习目标的认识、解决困难的信心等内容。“努力感”是个体对自己能否做到

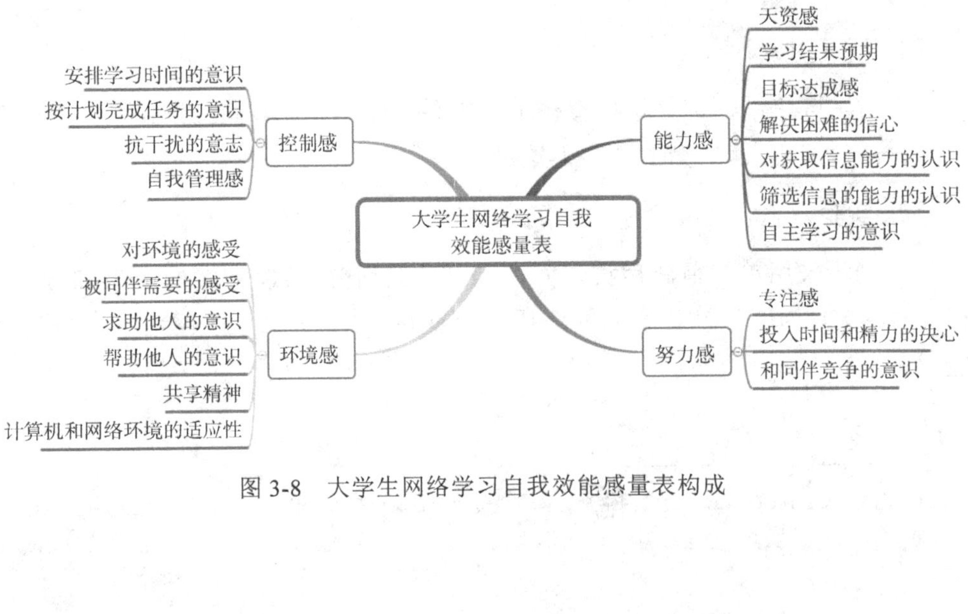

图 3-8　大学生网络学习自我效能感量表构成

努力学习的认识，网络学习自我效能感强的人认为自己能够管好自己，能让自己做到努力学习、专注于网络学习任务。“环境感”是指个体对学习环境的感受，是个体对环境的把握感，个体对网络学习环境的感受、积极有效地利用网络学习环境、在需要的时候求助于人等都是网络学习自我效能感的重要组成部分。“控制感”是个体能否对网络学习活动和学习行为进行控制的感受，它包括个体对网络学习实践的安排、能否控制自己不受外界干扰等内容。

（二）研究实施

1. 前测

在实验开始前利用“大学生网络学习自我效能感量表”对被试进行前测，以掌握当前被试网络学习自我效能感的初始水平。如表 3-23、图 3-9 和图 3-10 所示，其分别为被试前测得分描述统计量、被试前测得分分布图与各题项前测平均分分布图。

表 3-23　被试前测得分描述统计量

分析项	*N*	全距	极小值	极大值	*M*		*SD*	VAR
	统计量	统计量	统计量	统计量	统计量	标准误	统计量	统计量
总分 有效的 *N* （列表状态）	44	45.000	49.000	94.000	63.772	1.393	9.240	85.378

如表 3-23 所示，被试前测极大值和极小值分别为 94 和 49，全距为 45，总分的均值为 63.772，标准差为 9.24，其中超过均值以上人数 18 人，占比 40.9%。说明大学生网络学习自我效能感得分离散程度大，总体得分情况不佳。如图 3-9 所示，大部分学生的得分为 55～73 分，说明大学生网络学习自我效能感总体水平不高，有待提升。如图 3-10 所示，有若干题项的平均分处于低谷。综合以上情况，大学生网络学习自我效能感的现状存在如下问题。

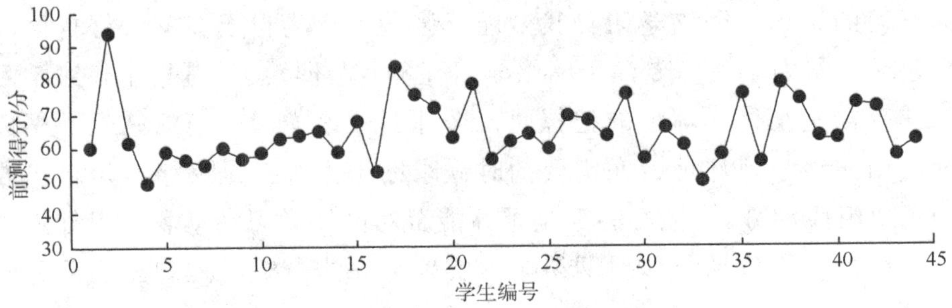

图 3-9　被试前测得分分布图

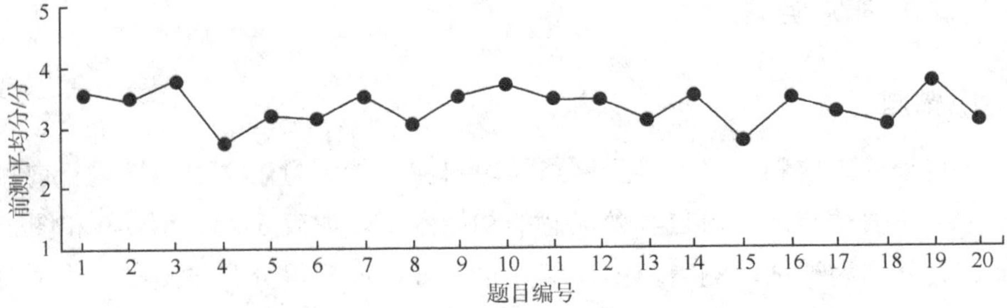

图 3-10　各题项前测平均分分布图

（1）大学生网络学习自我效能感总体水平不高

当前大学生网络学习自我效能感总体水平不高，均值以上人数比例较小，离散程度相对较大，有待进一步提升。描述统计结果显示，实验对象总体得分情况极差为45，标准差为9.24，平均分为63.772。统计结果表明总体得分极差大、标准差高，离散程度相对较大，平均分较低。另外，总分得分主要集中于55～73分，说明大学生群体网络学习自我效能感整体得分偏低，大部分同学处于及格线上下，有部分同学得分较低，得分优秀者少，整体网络学习自我效能感情况有待提升。

（2）大学生群体的网络学习自我效能感各维度上存在不少问题

当前大学生网络学习自我效能感存在的主要问题包括：学习者对自己能够利用网络学习环境中的资源和工具获得知识的能力的信念较低；学习者对在网络学习环境中能够与其他学习者进行交互并促进彼此学习的意识薄弱；在网络学习过程中，学习者对能有目的地把握自己行为的信念较低，即自我控制能力感较低，容易受到干扰。

2. 实验处理

针对前测发现的问题，本实验依托 Discuz! 开源平台，搭建面向课程教学的网络学习空间。在网络学习空间中，学习者可以方便地发布自己的博客、图片、文件、书签等。学习者还可以通过添加好友、组建群组等方式，与其他同学建立联系，并通过好友互访、留言、评论、回复等进行互动。依托课程教学专题，应用网络学习空间开展三轮教学行动，如图 3-11 所示。

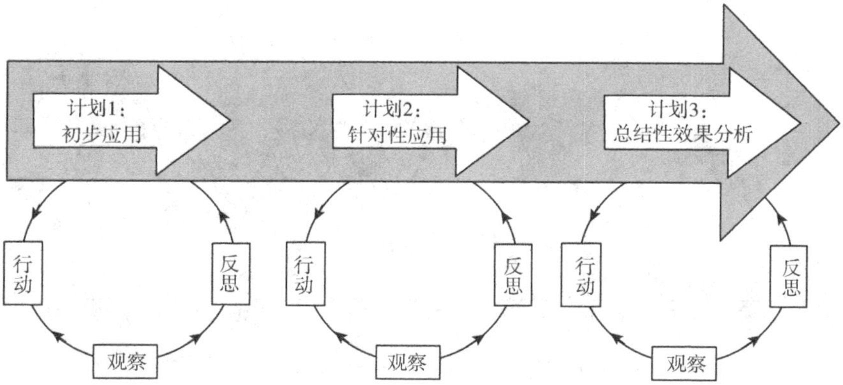

图 3-11　三轮应用行动计划

第一轮应用行动：初步应用。在第一轮应用行动中对被试学生进行网络学习空间的基本操作技巧与使用方法的培训，让学生熟练掌握利用网络学习空间进行课程学习的方法，探索网络学习空间提升大学生自我效能感的初步成效。

第二轮应用行动：针对性应用。在第一轮应用行动的基础上，针对前测发现的问题，从四个维度应用网络学习空间提升自我效能感。

第三轮应用行动：总结性效果分析。在第三轮应用行动中主要对网络学习空间提升大学生自我效能感的累积性效果进行分析。通过以上两轮的应用行动之后，第三轮在此基础上总结和分析网络学习空间提升大学生自我效能感的效果及其具体体现。

3. 后测

每轮行动之后对被试的自我效能感进行一次后测，所用测量工具与前测相同。

三、提升自我效能感的效果分析

（一）总体水平提升效果分析

经过三轮的应用行动之后，对前测和三次后测的数据进行统计分析，图 3-12 为被试四次测试的平均分分布，表 3-24 为四次测试配对样本 t 检验结果。

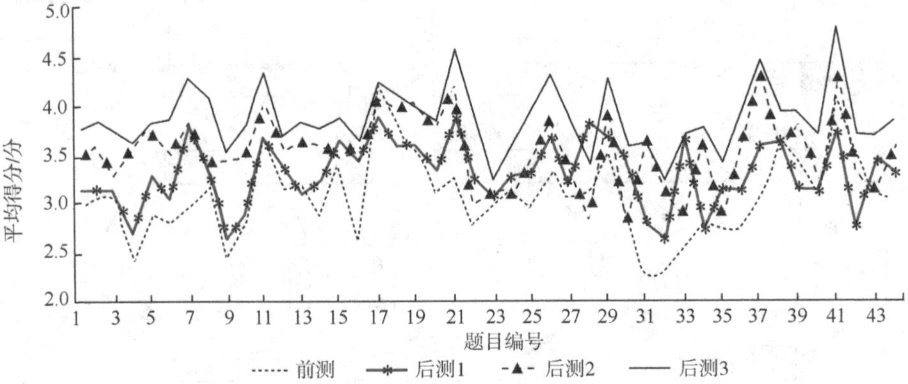

图 3-12　被试四次测试平均分分布

表 3-24　前测-后测配对样本 t 检验

分析项		成对差分					t	df	p
		M	SD	均值的标准误	差分的 95% 置信区间				
					下限	上限			
对 1	前测-后测 1	−0.151	0.417	0.063	−0.277	−0.024	−2.397	43	0.021
对 2	后测 1-后测 2	−0.171	0.352	0.053	−0.278	−0.064	−3.217	43	0.002
对 3	后测 2-后测 3	−0.277	0.288	0.043	−0.365	−0.190	−6.390	43	0.000

如图 3-12 所示，被试三次后测得分曲线整体呈上升趋势，说明应用网络学习空间能逐步提升大学生的自我效能感。如表 3-24 所示，后测 1 与前测的双尾检验 p 为 $0.021<0.05$，后测 1 与后测 2 的双尾检验 p 为 $0.002<0.05$，说明前测与后测 1、后测 1 与后测 2 在小于 0.05 水平上发生显著性差异。后测 2 与后测 3 之间的双尾检验 p 为 $0.000<0.01$，在小于 0.01 的水平上发生显著性

差异。综上，网络学习空间对大学生自我效能感的提升效果显著。

（二）各维度提升效果分析

图 3-13 表示大学生网络学习自我效能感四个维度的提升效果，其中“能力感”和“环境感”的提升效果最为显著。图 3-14 显示了各题项三次后测的提升情况，其中题 4“在上网学习过程中，我能够不受干扰完成学习任务”、题 7“当我在网上查找学习资料的时候，我能够很快从众多信息中找到我所需要的东西”、题 8“我经常帮助同学解决他们碰到的网络学习问题”、题 13“相比其他多数同学，我相信我的网络技术更好一些”、题 15“经常有很多人来向我请教上网的问题”、题 17“我熟悉整个网络的使用环境”、题 18“我自信我知道的网络知识比其他同学要更多”的提升效果显著。

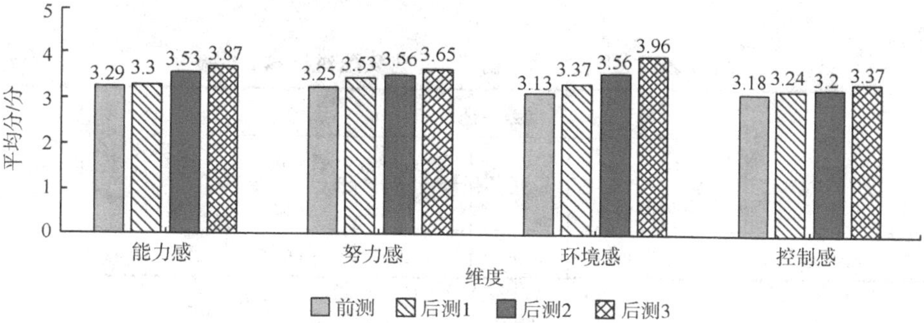

图 3-13 四个维度提升效果

1. “能力感”提升效果分析

如表 3-25 所示，“能力感”前测与后测均值差为−0.159，标准差为 0.451，双尾检验 p 为 0.024<0.05，说明两组数据存在显著性差异，“能力感”得到显著提高。如图 3-14 所示，题 1“我自信能够通过网络学习取得良好的学习效果”平均分由前测的 3.25 分提升到 3.64 分，学习者的自信感显著提升。另外，题 3“如果在网络学习中遇到难题，我通常能够找到几种解决的途径”、题 7“当我在网上查找学习资料的时候，我能够很快从众多信息中找到我所需要的东西”和题 12“当我上网碰到难题时，我自信能够在网上寻找到相关信息，自己将它

们解决”的平均分经过三轮应用行动后，都提高到 3.5 分以上，由此可知，通过三轮应用行动，学生的“能力感”能够得到显著提升。

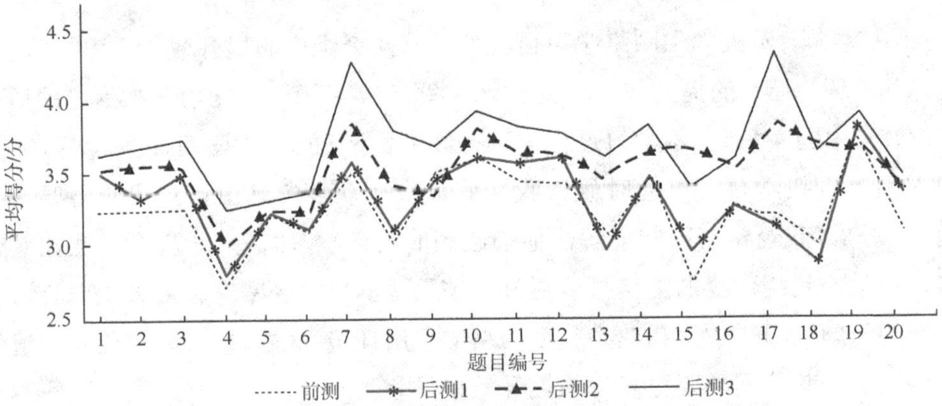

图 3-14　各题项平均分分布图

表 3-25　“能力感”前测-后测 3 配对样本 t 检验

分析项		成对差分					t	df	p
		M	SD	SE	差分的 95% 置信区间				
					下限	上限			
对 1	前测-后测 3	−0.159	0.451	0.068	−0.296	−0.022	−2.343	43	0.024

2. “努力感”提升效果分析

如表 3-26 所示，“努力感”前测与后测均值差为−0.204，标准差为 0.733，双尾检验 p 为 $0.041<0.05$，说明两组数据存在显著性差异，“努力感”得到显著提高。如图 3-14 所示，题 9“我会花精力通过各个渠道学习网络相关知识来提高我的上网技能和网络学习效率”的平均得分由前测 3.36 提升到了 3.69。相关研究表明，“努力感”来自于个体内部，是不稳定的，但是可控，说明网络学习空间的激励策略和支持服务能够有效支持“努力感”的提升。但因为其不稳定，所以在教学实践中还需采取相应的激励和支持策略来维持学习者的“努力感”，如引入竞争和奖惩机制等。

表 3-26 “努力感”前测-后测 3 配对样本 *t* 检验

分析项		成对差分					*t*	*df*	*p*
		M	*SD*	*SE*	差分的 95% 置信区间				
					下限	上限			
对 1	前测-后测 3	−0.204	0.733	0.110	−0.428	0.018	−1.849	43	0.041

3. “环境感”提升效果分析

如表 3-27 所示，“环境感”前测与后测均值差为−0.185，标准差为 0.485，双尾检验的 p 值为 0.015<0.05，说明两组数据存在显著性差异，“环境感”得到显著提高。如图 3-14 所示，题 17“我熟悉整个网络的使用环境”的提升效果尤为突出。但题 8“我经常帮助同学解决他们碰到的网络学习问题”、题 15“经常有很多人来向我请教上网的问题”和题 20“我能够将自己的学习心得、学习资料等发表在学习论坛 BBS、博客或维基百科等上面与别人共享、交流”在四次测试中得分均较低，处于折线图的低谷，说明学习者之间仍然缺乏交互和协作，前测发现的第二个问题还有待进一步解决。

表 3-27 “环境感”前测-后测 3 配对样本 *t* 检验

分析项		成对差分					*t*	*df*	*p*
		M	*SD*	*SE*	差分的 95% 置信区间				
					下限	上限			
对 1	前测-后测 3	−0.185	0.485	0.073	−0.333	−0.037	−2.528	43	0.015

4. “控制感”提升效果分析

如表 3-28 所示，前测与后测均值差为−0.039，标准差为 0.220，双尾检验 p 值为 0.247>0.05，说明没有显著差异。如图 3-14 所示，题 4“在上网学习过程中，我能够不受干扰完成学习任务”和题 6“我能够按照拟定的学习目标合理安排上网学习时间”得分较低，说明学习者的学习行为容易受到外部干扰的影响。“控制感”既受到外部环境影响也受到自身内部的影响，学习者对于自身注意力的维持也需加强。

表 3-28　“控制感”前测-后测 3 配对样本 *t* 检验

分析项		成对差分					*t*	*df*	*p*
		M	*SD*	*SE*	差分的 95% 置信区间				
					下限	上限			
对 1	前测-后测 3	−0.039	0.220	0.033	−0.106	0.028	−1.173	43	0.247

综上所述，我们可以得出如下结论：应用网络学习空间能逐步提升大学生自我效能感，而且累积应用效果非常显著；在应用网络学习空间的过程中，大学生自我效能感的各维度提升效果不同，其中“能力感”“努力感”“环境感”提升效果较为显著。

四、主要影响因素分析

班杜拉的“三元交互作用论”介绍了人的个体因素、外在环境以及人的行为之间相互影响、相互作用的关系。据此，本节从个体因素、网络学习空间环境以及网络学习行为模式三个方面，分析影响网络学习空间提升大学生自我效能感效果的主要因素，并提出相应的干预策略。本研究采用分层抽样的方法，从被试班级中，抽取网络学习自我效能感提升效果低、中、高三个层次的学生各两名，将这六名学生（编号分别为 L1、L2、M1、M2、H1、H2）作为研究对象进行分析。

（一）主要影响因素分析

1. 学生个体因素对网络学习自我效能感提升效果的影响

采用访谈法对六名学生进行研究。访谈时，对于“你是否能够积极参与到在线互动讨论中？”“如果可以，你通常扮演的角色是什么？”“如果不行，原因是什么？”这一组问题，H1、H2 回答可以，他们在在线互动中扮演的角色通常是“话题的发起者”“创新性观点的提出者”“他人问题的解答者或帮助者”

等。M2 和 H1 认为"如果能感受到其他同学对我的认可或者反馈信息我会更有信心提出我自己的观点"。而 M1、L1、L2 则表示不能积极参与到在线互动中，给出的原因有"害怕没有人回应我会很尴尬""感觉自己不能融入大家的讨论"。访谈发现，学生个体的社会存在感对于其自我效能感的提升有重要影响。社会存在感是指个体的自我存在得到重视和广泛关注的自我意识。社会存在感低的学习者由于自我存在得不到重视，在网络学习空间的学习社区中很少发言，几乎不参与学习讨论，也不分享信息，缺乏沟通交流，常常游离于学习群体的边缘，找不到自己的社会价值，学习信心降低，进而导致自我效能感较低。

2. 网络学习空间环境对自我效能感提升效果的影响

访谈中，当被问到"在利用网络学习空间进行学习时，你遇到过哪些问题，你有什么建议"时，一半以上的被访者都表示"不能够快捷地从网络学习空间中获取想要的信息""有的时候找到了想要的学习资源但是下载的时候很卡"。对于网络学习空间学习资源获取的问题，M2 表示"如果在网络学习空间上找不到想要的学习资源，我会利用网络搜索想要的信息，但是毕竟网上的资源参差不齐，找起来比较费时间"。L1 表示"空间中互动讨论区的良好的氛围对于我网络学习的自信心很重要"。

访谈发现，网络学习空间作为大学生网络学习的重要环境因素，对学习者自我效能感具有重要影响。网络学习空间能否清晰地呈现丰富的学习资源和工具、学习者能否便捷地获取和使用这些资源与工具影响着学习者的环境感。另外，学习社区的互动氛围、同伴及教师对于学习者的情感支持以及网络学习空间中自我监督和反思机制对于学习者完成网络学习任务的积极信念影响显著。

3. 学习行为模式对自我效能感提升效果的影响

本节将应用网络学习空间开展的学习行为分为信息查询行为、信息浏览行为、信息组织与加工行为、信息发布行为和信息交流行为五种类型。[①]通过对六名学生在网络学习空间中的行为记录进行分析，统计每一类学习行为的频数

① 谢幼如，伍文燕，倪妙珊. PLS 提升大学生网络学习自我效能感的行为模式研究. 电化教育研究，2015，36（06）：31-36.

占其全部学习行为总频数的比例，结果如表 3-29 所示。

表 3-29 学生网络学习行为分析表 单位：%

分析项	L1	L2	M1	M2	H1	H2
信息查询行为	17.24	35.71	11.09	23.53	17.73	13.39
信息浏览行为	44.83	25.00	44.33	30.50	21.99	23.62
信息组织与加工行为	10.34	10.71	11.59	14.21	16.31	15.75
信息发布行为	0.00	0.00	2.06	0.00	10.64	10.24
信息交流行为	27.59	28.58	30.93	31.76	33.33	37.00

由表 3-29 可知，H1 和 H2 的五类学习行为分布均匀，且“信息交流行为”所占比例较高；而 L1 和 L2 五类学习行为分布严重不均，尤其是“信息发布行为”和“信息组织与加工行为”等高层次的学习行为占比较低。通过网上观察发现，H1 和 H2 能够根据不同的学习目标、内容和情境采取合适的网络学习行为模式开展学习活动；L1 和 L2 不能很好地管理自己的网络学习行为，如浏览无关信息、漫无目的地在网页间游走等。

研究发现，行为模式是影响网络学习空间提升自我效能感效果的重要因素之一。行为模式是学习者在学习过程中，因个人学习目的、学习态度、学习方法等综合因素形成的学习行为习惯。①网络学习自我效能感提升效果明显的学习者，其信息的组织与加工行为和发布交流的学习行为较多。而提升效果一般的学习者更多地停留在利用网络学习空间进行信息的搜索和浏览等行为上。

（二）相应的干预策略

根据上述研究所得到的应用网络学习空间提升大学生自我效能感的影响因素，提出以下干预策略。

1. 发挥教师作用，适当对网络学习者进行反馈与表扬

在利用网络学习空间开展学习时，教师应鼓励每位学习者融入学习空间中，并担任一定的角色，发挥各自的作用，营造活跃的空间学习氛围，鼓励学

① 李伟，刘畅. 大学生学习行为模式与学习效果相关性的实证研究. 中国青年研究，2006，(11)：39-43.

习者多交流，让学习者感觉到自己被需要，提升其社会存在感，坚定其完成学习任务的决心，从而提升其自我效能感。同时，适当对网络学习者进行反馈与表扬，也能够在一定程度上提升学习者的自我效能感。一般来说，自我评价会受到他人观点的影响，特别是当这些观点来自对个体来说是“重要他人”时，对学生来说，教师、同伴的观点都会对他的自我评价产生影响。相关研究表明，对学习者进行先前作业的努力归因反馈（如“你学习很努力”）可以增强学生的自我效能感，进一步发现能力归因反馈（如“你很擅长做这个”）也可以增强学生的自我效能感。因此，教师的言语反馈也是提高学生学习自我效能感的途径之一。此外，网络环境的优势是可以进行异地不同步的反馈，劣势在于无法实现面对面的反馈，但网络教育者能够很方便地对网络学习者实施学习监控，对网络学习者的学习效果进行及时反馈，并对网络学习效果良好的学习者进行表扬或者实施奖励措施。因此，在利用网络学习空间开展学习时，可以适当对网络学习者进行反馈与表扬，以提升学生的网络学习自我效能感。

2. 重视设置合理的网络学习目标，为学生网络学习创造更好的环境

班杜拉认为个人过去成功或失败的表现是影响自我效能感最有力的信息源[①]。成功能够增强个人的自我效能感，失败往往减弱个体的自我效能感，特别是当个人的自我效能感尚未牢固之前，一次失败的经验往往会成为阻碍自我效能感提升的绊脚石。一般来说，网络学习者往往会根据自己之前网络学习的成败经验而对网络学习采取不同态度。因此，为了培养学生能够更有自信地运用网络进行学习，应当设置合理的网络学习目标，避免学生出现网络迷航现象，这些学习目标的设置和学生能否取得成功有着紧密的联系。如果所设定的目标不切实际，那么网络学习者在努力之后遭受一次次的失败就会导致其网络学习自我效能感急剧下降；如果将网络学习目标定位太低，网络学习者太容易实现目标，就会导致网络学习自我效能感不真实；如果网络学习者对自己的网络学习能力预测太高，当遇到难度高的网络学习任务时，就可能导致学习者容易被失败所挫伤。因此，设置的目标应该既具有挑战性，又可以通过努力获得。通过设置合理的网络学习目标，在一定程度上能够为学生营造更好的学习环境，从而帮助学生提升自我效能感。

① 谢宏赐. 以社会认知理论探讨网络搜索策略. 高雄：台湾“中山大学”，2000：21.

3. 进一步完善网络学习空间的功能作用，有力支持学习者学习

进一步完善网络学习空间的功能作用，提供丰富的学习资源以及完善导航策略、知识管理来降低学习者获取和管理信息的难度，以提升大学生的网络学习环境感及对网络学习能力的信念。一般来说，网络学习空间的功能模块可以包括学习资源与学习工具等。学习资源主要是指以文本、音频、视频等媒体形式存在的信息资源，这些资源应该是不断积累完善、不断迭代更新的，且支持师生共同创造新的资源。学习工具可以是知识交流工具，如电子邮件、电子公告板、学习社区等，也可以是知识产生与共享工具，如博客、网络书签等，还可以是知识协作工具，如维基百科等。学习者可以根据自己的需要，自定义网络学习空间中的功能模块，然后自定义步调进行网络学习。进一步完善网络学习空间的功能作用，可以满足学习者的实际需要，降低学习者获取信息与管理信息的难度，从而有力支持学习者进行网络学习。

4. 有效管理学习过程，重点关注学生信息加工及交互行为

教师在应用网络学习空间开展教学时，应发挥监督和引导作用，帮助学习者对其学习过程进行规划、定序和管理；帮助学习者尽快熟悉网络学习空间中的各项功能及操作，重点开展信息的加工和处理学习活动；帮助学习者加强在学习社区与其他学习者和教师的信息交互。

5. 重视对网络学习者的生理和情绪调节

过长时间使用网络，会导致网络学习者的身体和心理出现问题，如无法集中精神、上网成瘾等，所以网络学习者的心理和情绪调节非常重要。网络学习者往往因为在网络环境中进行长时间的学习，导致自己过于紧张和疲劳，而错误地认为自己没有能力胜任网络学习任务。因此，网络教学者应该注意增强网络学习者的身体素质，教给网络学习者一些放松技巧，培养其乐观情绪，并适当限制学习者网络学习的时间。

五、研究结论

本节采用准实验方法，在课程教学中，科学设计并应用网络学习空间，通过实验数据分析，证明应用网络学习空间能逐步提升大学生的网络学习自我效

能感，而且累积应用效果非常显著；在应用网络学习空间过程中，大学生自我效能感各维度提升效果不同，其中“能力感”“努力感”“环境感”提升效果较为显著。基于此，本节采用访谈法和观察法对被试班级的大学生进行个案研究，明晰影响大学生网络学习自我效能感提升效果的三个主要因素，分别为“学生个体在网络学习空间中的社会存在感”“网络学习空间的功能支持”“大学生网络学习行为模式”，然后针对这三个影响因素分别提出相应的干预策略。

第四章　基于网络学习空间的学习创新研究

第一节　基于网络学习空间的课程创新

一、问题的提出

技术是促进课程变革的重要力量。随着技术的不断发展，课程持续进行着创新与变革。课程变革的根本目的是彰显育人价值，直接动力在于奠基学科发展，持久追求在于提升学校品质。课程变革的具体向度，即弹性丰富的课程目标、通识贯穿的课程内容、开放场域的课程实施、多元立体的课程评价和联动组合的课程运作。网络学习空间的出现为课程创新增添了新动力。2018 年教育部印发的《教育信息化 2.0 行动计划》提出，“继续深入推进‘三通两平台’，实现三个方面普及应用，明确网络学习空间覆盖行动”。实践表明，网络学习空间的建设与应用已成为我国教育信息化发展的核心工作和主要内容，但从学习环境的发展角度来看，网络学习空间并不是一个新鲜事物。相关研究表明，网络学习空间的发展可追溯到 21 世纪初，虽然那时无网络学习空间之“名”，却有其“实”。[①]一般来说，网络学习空间有广义和狭义之分。广义上的网络学习空间，就是指网络支持下的所有学习环境。也就是说在网络环境下，能够提供教与学服务的平台，都可以归纳为网络学习空间的范畴，如网络课程、虚拟

① 杨现民，赵鑫硕，刘雅馨，等. 网络学习空间的发展：内涵、阶段与建议. 中国电化教育，2016，(04)：30-36.

学习社区、微信平台、MOOC 平台等，从本质上来看，它们都可以被认为是网络学习空间。狭义的网络学习空间是在当前“互联网+”的背景下提出来的，是集学习资源、工具、服务、社群和管理为一体的网络学习环境。它是继网络课程、虚拟学习社区、MOOC 平台等概念之后，网络学习环境的第四次创新。因此，网络空间发展对课程有着重要影响。

二、基于网络学习空间的课程模式重构

教育信息化 2.0 时代背景下，网络学习空间具有个性发展、开放共享、互联互通、共创共生等特点。网络学习空间的创新发展赋予课程新的生机与活力。课程应充分重视学生的个性化需求，为重构课程目标指明方向；课程应趋向于开放共享，加强课程系统内资源、工具、服务等要素的关联程度，扩大课程受众范围，促进学生成长与发展。

新时代背景下，需要促进课程共创共生，重视课程生成性资源的积累，关注课程内容与结构的动态调整；同时也需运用大数据和学习分析技术追踪学习过程，以分析学习者的学习行为数据（学习习惯、学习方式、学习参与度、学习轨迹），从而为课程实施、管理与评价提供科学依据。

（一）网络学习空间与课程概述

课程是指学习者所应学习的学科总和及其进程安排。课程是由一系列的结构要素组成的，不同研究者对此有不同的观点。1949 年泰勒（R. Tyler）于《课程与教学的基本原理》中提出了著名的“泰勒原理”，并指出了四个基本问题：①学校应该追求什么样的教育目标？②提供什么样的教育经验才能实现这些目标？③如何有效地组织这些教育经验？④怎样确定这些目标正得以实现？[①] 这四个问题都在充分研究的基础上提出了具有指导性的原则、步骤、要求和程序，形成了一个相当完整、系统、可操作的模式。施良方认为，完成一项课程计划的整个过程，包括确定课程目标、选择和组织课程内容、实施课程和评价

① Tyler R. Basic principles of curriculum and instruction. Chicago: The University of Chicago Press，1949：1.

课程等阶段。[①]这均体现出课程的四要素，即课程目标、内容、实施和评价。

“网络学习空间人人通”是新时代教育供给模式的核心思想，是推进教育现代化和教育强国建设的关键抓手，是实现“人人皆学、处处能学、时时可学”的基础设施，同时也是开展数据支持下个性化教与学的重要入口。网络学习空间的发展经历了三个阶段：第一阶段为教育资源应用阶段，主要为教学资源的承载、传播和共享提供虚拟空间；第二阶段为学习社区应用阶段，主要解决教学资源应用中单向传递、交互不足、效果较差的问题，如提供基于网络的协作知识建构空间、帮助学习者组织自己的学习网络和社交网络、增进学习者之间的心理距离和学习动机等；第三阶段为在线开放课程阶段，主要将优质教育资源的共享与协作知识建构的实施融合，融入互联网思维打造集资源、社群和服务为一体的虚拟学习空间，如中国大学 MOOC、学堂在线等。由此可见，网络学习空间改变了整个课程系统，重塑着原有的课程模式。

（二）基于网络学习空间的课程模式重构方法

任何一种课程模式，都会受到教育思想和教学规律的影响与支配。现今，互联网已不再是一种单纯的技术手段，更代表着一种全新的思维方式。它既可作为提供集云、网、端为一体的数字化基础设施，也可作为实时协同的通信网络、数据和信息资源、虚实融合的生成空间等。基于网络学习空间的课程模式应包括课程目标、课程内容、课程实施、课程评价和网络学习空间五个要素。作为课程模式的重要组成部分，网络学习空间不仅丰富了传统课程要素，也对各组成部分产生深刻影响。因此，基于网络学习空间的课程模式可用图 4-1 来表示。

1. 课程目标重构

课程目标是整个课程编制的逻辑起点，它规定课程内容的选择和组织，为课程实施提供基本依据，是课程评价的主要准则。课程目标要以新时代人才培养需求为依据，充分利用网络学习空间的优势功能，充分体现学科特点、多元的个性化特点等。以“教学设计原理与方法”为例，重构课程目标表现为：①能够理解教学设计的基本概念和基本原理，了解当前国内外教学设计的研究

① 施良方. 课程理论——课程的基础、原理与问题. 北京：教育科学出版社，1996：81-150.

热点及发展趋势；②能够借助各种设计模式和操作表格，联系实际，开展实践，具有教学设计的综合运用能力和实践操作能力；③能够转变教学理念，应用信息技术对课堂教学流程和结构进行重组与再造，探索新型教学模式。

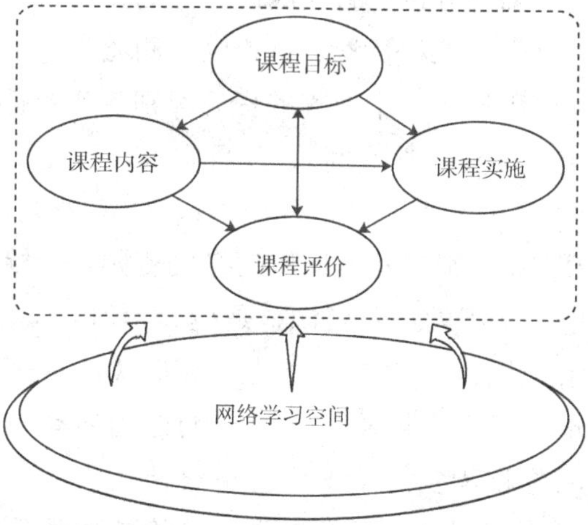

图 4-1 基于网络学习空间的课程模式图

2. 课程内容重构

课程内容是课程的核心要素，它是以课程目标为直接依据选定的。课程内容是课程实施的关键，它影响着课程实施过程中教与学的活动方式。课程实施过程中教学方法、组织形式的选择，都必须考虑课程内容的性质及要求。同时，课程内容也是课程评价的依据，它规定了评价的基本范围和目标达成度。另外，课程内容也需结合网络学习空间的特点，进行重新组织、设计、开发。以“教学设计原理与方法”为例，课程内容是学习者最主要和最直接的学习对象，立足“互联网+”时代人才培养目标，结合课程自身特点及前沿的教学设计理念与方法，重构课程教学内容，共 7 个专题，30 个学时。因课程受众扩展至在线学习者，知识基础不尽相同，其内容的设置具有一定的拓展性和弹性，可适应不同层次的学习者学习。

3. 课程实施重构

课程实施是一个动态、序列化的实践过程，是取得良好课程效果不可或缺的环节。它是联结课程目标与课程评价的纽带。课程实施需要以明确的课程目标为依据，也需要考虑课程内容的实用性、复杂性以及是否符合实际对象的需要等。另外，课程实施需结合网络学习空间提供的平台、工具和资源开展教与学活动，动态调整课程资源与服务。在“教学设计原理与方法”中，主要体现为：①重构课程结构。综合分析已有在线课程结构，结合本课程特点设计课程结构，主要包括课程公告、课程资源、讨论区、测验作业、评分标准、考试六大基本模块。②重构课程资源。本课程的资源类别包括授课视频、文本教材、设计案例（内含设计方案和教学课例）、项目实践、讨论。授课视频是本课程的核心资源，帮助学习者有效掌握核心知识点；文本教材是本课程的配套资源，辅助学习者精细学习；设计案例是本课程的拓展资源，支持学习者深入理解教学内容；项目实践是本课程的特色资源，是检验学习者实践能力的重要方式；讨论是帮助学习者解决疑问、启发灵感的重要形式，也是课程资源再生成的重要方式。③重构课程活动。网络空间支持的课程活动包括主题讨论、课程直播等。课程团队根据课程实施情况动态调整课程进度，通过发布公告等方式把控课程授课节奏，利用讨论区开展学习讨论，依托后台数据动态调整作业提交时间，结合学习支持服务为学习者提供个性化的学习时空，以使课程效果最大化。

4. 课程评价重构

课程评价是对课程整个过程和产物的监控和评价。它用于检查课程实施效果、目标达成情况等，并为调整课程目标提供依据，同时也为进一步的课程实施提供改进建议。课程评价需以课程内容作为评价范围。另外，可利用网络学习空间自动跟踪记录学习者日常学习路径，收集行为过程数据，精准评价课程学习情况，为课程改进提供有效指导。“教学设计原理与方法”确定课程评价内容包括项目实践能力、线上线下学习效果等，评价方式采用形成性评价与总结性评价相结合、学习者自评与同伴互评相结合、平台评价与人工评价相结合的形式。其中线上线下各占 50%，线上部分包括项目实践（占 50%）、在线讨论（占 30%）和线上考试（20%）。在课堂讨论中回复数量超过 30 条的学员，在线讨论部分可获得满分。课程评价重构之后，能更真实地反映学习者的学习状态，进而实现有效的课程评价。

三、基于网络学习空间的课程创新实践

根据专业人才培养的需要和教学改革的实际情况，教育部积极倡导“网络学习空间人人通”教育信息化标志工程。本节在分析网络学习空间重构课程模式的基础上，阐述基于网络学习空间的课程创新实践特征与过程，形成了基于网络学习空间的课程创新实践模式。

（一）课程创新实践过程

1. 基于网络学习空间的课程创新实践特征

后现代主义课程理论是在后现代主义思潮的影响下发展起来的，它不仅关注课程目标的达成，还关注学习过程中个人的发展。后现代主义课程理论普遍认为，学生发展不是通过单一课程的线性学习来实现的，而应在相关课程的非线性学习中完成。对课程本身来说，不仅需要关注其规划、设计、实施和评价，而且也需注重理解课程在文化、政治、美学等方面对人类状况、社会结构、生态领域的影响。后现代主义课程理论主张课程应具有丰富性、回归性、关联性和严密性四大特征，强调理论应根植于实践并发展实践，鼓励教师和学生互动，从而发展课程。

基于网络学习空间的课程创新实践具有以下特征：①重视学生个性发展。在教学中尊重学生的个性差异，充分发挥学生的主体作用。②关注教学的开放与多元。利用网络学习空间创设开放的教学环境、关联多元化知识、重构课程内容；采用多样性方式促进知识内化和意义建构、运用多元方式开展学习评价。③促进师生对话与生成。在网络学习空间的支持下，设计在线学习和课堂交流活动，促进师生、生生之间的平等对话、友爱协商和自由建构，并通过反思与重组，进一步丰富课程本身。

2. 基于网络学习空间的课程创新实践过程

（1）课程教学准备

在开展教学之前，教师融合创新教学理念、教学环境、教学资源、教学工具、教学评价、管理方式等方面的特征，在网络学习空间中进行课程的设计与

开发：①选择并应用已有的课程资源。国内外在线课程平台汇聚了各高校的顶尖学科课程，教师直接选用与课程相关的资源，可节约资源制作与采购成本，保障课前知识传递的质量，并预留更多时间用于设计教学活动，关注学生动态。②改造现有的课程资源。随着教育部出台《教育部关于加快建设高水平本科教育 全面提高人才培养能力的意见》，以及“六卓越一拔尖”计划2.0的全面实施，高校在线开放课程资源不断递增，教师利用新理念对其进行改造，实现课程的转型升级，能有效促进这些课程资源的应用与共享。③创生新的课程资源。对于尚缺的课程资源，可鼓励教师在校内或校际组建团队，以协同创新和集成创新的方式，在网络学习空间中创建新的课程资源与工具。

（2）课前知识传授

学生在网络学习空间自主学习课程视频与教学材料，并通过有针对性、及时反馈的练习进行检测巩固。倘若遇到疑难困惑，学生可反复观看视频，借助教学工具或网络资源开拓思维，也可在讨论区中发表观点，与教师、同学交流讨论。教师可通过网络学习空间的数据统计功能进行学情诊断，以了解学生学习的难点，调整教学设计。

（3）课中知识内化

在课堂上，教师首先依据教学内容和学生课前学习时产生的疑问，归纳或提出有意义的问题，引导学生采用自主探究、小组协作、项目实践等方式解决问题，将学习作品或成果上传至网络学习空间进行交流分享，完成知识内化；其次采用过程性评价、总结性评价等多元评价方式对学生学习情况进行评价反馈。

（4）课后拓展提升

课后，网络学习空间为学生提供拓展资源、知识管理工具和评价反思工具。学生对自身学习情况进行反思，进一步深化知识建构，并利用网络学习空间的课程资源进行拓展学习，促进知识迁移。

（二）课程创新实践模式

“教育技术研究方法”是教育技术专业三门核心主干课程之一，旨在为教育技术专业本科生开展教育技术研究打下理论和方法基础，培养学生从事科学研究的能力。目前该课程已建设有数量齐全、质量优良的课程视频、教学课件、教学案例等课程资源。在教学实践中形成了基于网络学习空间的课程教学模式，如图 4-2 所示。

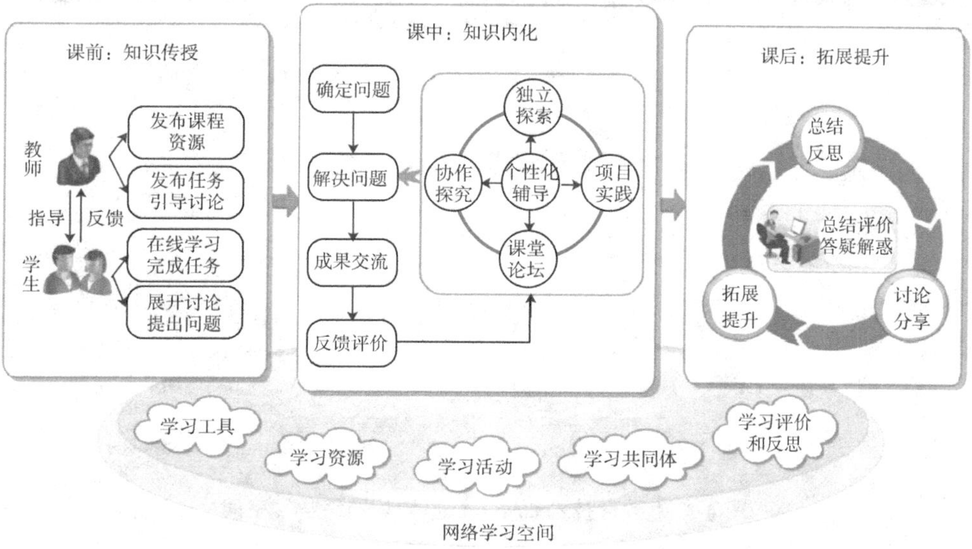

图 4-2　基于网络学习空间的课程教学模式

首先，教师团队搭建网络学习空间（图 4-3），为学生提供课程学习与交流的平台。所构建的网络学习空间具有以下典型功能：①提供“资源共享区”“学习讨论区”“公告栏”等模块，有助于组织在线学习活动、促进资源共享；②提供多样化的学习工具（如论坛、日志、收藏夹、留言板、实时聊天等），帮助学生进行知识获取、知识管理和即时互动交流；③提供创建群组功能，便于形成学习共同体，进行协作会话，完成知识建构；④提供多元学习评价与反思功能，客观题可获得即时评价反馈，主观题可开展小组互评，同时还能利用日志功能进行总结与反思。

其次，教师团队以“教育技术行动研究”专题为例，探索网络学习空间在“教育技术研究方法”课程中的创新应用。

课前，教师团队对原有的课程资源进行改造，制作教学微视频，设计学习任务单，将学习目标、研讨问题、学习资源和练习检测题目等资源发布到网络学习空间。学生根据任务开展在线学习与互动讨论，并提出存在的问题。

图 4-3 “教育技术研究方法”课程网络学习空间

课中，教师根据学生的学习反馈确定教学问题，组织学生通过协作探究、项目实践等方法开展行动研究方案的设计，并利用网络学习空间的课堂论坛模块发布实践成果和心得。

课后，学生在网络学习空间进行总结反思、分享讨论，实现拓展提升。在整个教学过程中，学生可通过网络学习空间获取学习资源，实现多维互动交流，并通过网络学习空间进行课后知识巩固等。

在评价方面，教师结合学生日常考查（在线学习+课堂学习，占 30%）、项目实践评定（研究选题与方案制订、研究方法的应用和数据收集，占 40%）和期末考试评定（占 30%）三种形式对学生进行综合评价。

四、课程创新实践效果[①]

结合上述创新实践，依托“教育技术研究方法”课程，利用网络学习空间

① 伍文燕. PLS 提升大学生网络学习自我效能感的行为模式研究. 广州：华南师范大学，2015：86-91.

开展“研究方法的应用与数据收集”“研究报告（论文）撰写”两个项目实践活动，主要促进学生两种能力的发展：第一，在真实的研究中，通过实际操作，提高学生的研究实践能力；第二，以小组形式完成项目，注重培养学生的系统思维、团队意识和创新能力。

（一）项目实践一效果分析

项目实践一围绕“研究方法的应用与数据收集”开展效果分析。按照“研究方法的应用与数据收集”评价量规的每一个指标项，对 8 个小组的项目实践作品进行打分。在本次项目实践中，主要选取“教育技术评价研究”这个主题对各小组进行评分，各小组的最终得分如表 4-1 所示。通过对各指标的得分数据处理、分析，得到如表 4-2 所示的结果。

表 4-1　“研究方法的应用与数据收集”项目实践成绩　　单位：分

组别	共同体名称	成绩	组别	共同体名称	成绩
1	天天向上	82	5	MOOC 盒子	87
2	ET 研究所	92	6	绝知此事要躬行	89
3	小燕子	81	7	The One	88
4	贰叁叁	82	8	E.T.Girls	87

表 4-2　“研究方法的应用与数据收集”项目实践单项评价结果

结构指标	单项指标	评价等级（组数）/分				单项得分/分		小计/分		平均得分率/%
		优	良	中	差	总分	均分	总分	均分	
内容（70 分）	研究步骤设置合理，时间进度安排恰当（10 分）	6	1	1	0	63	7.875	489	61.125	87.14
	选取的研究方法能很好地解决研究问题，有很强的针对性（10 分）	7	1	0	0	70	8.750			
	应用研究方法的过程科学、合理，无本质性错误（30 分）	5	2	1	0	213	26.625			
	能综合运用多种研究方法解决问题（10 分）	7	1	0	0	74	9.250			
	收集的研究数据资料全面、丰富，能很好地满足后续研究的需要（10 分）	6	1	1	0	69	8.625			

续表

结构指标	单项指标	评价等级（组数）/分				单项得分/分		小计/分		平均得分率/%
		优	良	中	差	总分	均分	总分	均分	
表达（30分）	研究思路清晰、明确，陈述流畅（10分）	7	1	0	0	65	8.125	199	24.875	82.91
	结构组织合理，具有逻辑性与层次性（10分）	6	1	1	0	69	8.625			
	语句表述科学、准确，符合规范（10分）	7	1	0	0	65	8.125			
合计								688	86	85.03

（二）项目实践二效果分析

项目实践二围绕“研究报告（论文）撰写”进行效果分析。按照“研究报告（论文）撰写”评价量规的每一个指标项，对 8 个小组的项目实践作品进行评分，各小组的最终得分如表 4-3 所示。通过对各指标的得分数据处理、分析，所得结果如表 4-4 所示。

表 4-3 “研究报告（论文）撰写”项目实践成绩 单位：分

组别	共同体名称	成绩	组别	共同体名称	成绩
1	天天向上	83	5	MOOC 盒子	89
2	ET 研究所	91	6	绝知此事要躬行	90
3	小燕子	83	7	The One	87
4	贰叁叁	84	8	E.T.Girls	86

表 4-4 “研究报告（论文）撰写”项目实践单项评价结果

结构指标	单项指标	评价等级（组数）/分				单项得分/分		小计/分		平均得分率/%
		优	良	中	差	总分	均分	总分	均分	
内容（70分）	题目鲜明、精练、醒目、得体（5分）	6	1	1	0	38	4.750	498	62.25	88.93
	摘要精悍、明确、完整（10分）	5	2	1	0	71	8.875			
	研究论点论述鲜明，方法应用阐述详细（15分）	6	1	1	0	108	13.500			

续表

结构指标	单项指标	评价等级（组数）/分				单项得分/分		小计/分		平均得分率/%
		优	良	中	差	总分	均分	总分	均分	
内容（70分）	研究数据和文献资料全面丰富，有效地支撑研究论点（25分）	6	1	1	0	181	22.625	498	62.25	88.93
	研究结论科学、谨慎，具有一定的意义和推广价值（10分）	7	1	0	0	70	8.750			
	引文、参考文献的著录格式规范（5分）	5	2	1	0	30	3.750			
表达（30分）	研究报告（论文）的思路清晰、明确，陈述流畅（10分）	6	1	1	0	65	8.125	195	24.375	81.25
	行文结构组织合理，逻辑性强，层次分明（10分）	6	1	1	0	65	8.125			
	语句表述科学、准确，符合规范（10分）	6	1	1	0	65	8.125			
合计								693	86.625	85.09

根据表4-2、表4-4所示结果，我们可以得到以下结论。

第一，表4-2、表4-4的总得分率分别为85.03%和85.09%，均超过了85%，这说明项目实践成果（即研究方法运用、研究报告/论文）普遍得到较高评价。

第二，学生在“内容”方面也有较高的质量（表4-2中“内容”得分率为87.14%，表4-4中“内容”得分率为88.93%），这说明学生对教育技术研究方案的设计、研究方法的运用和研究报告（论文）的撰写有了深刻的理解和体会，并能够将其有效应用在研究实践中。但总体来说，学生的研究在“表达”方面得分相对较低（表4-2中“表达”得分率为82.91%，表4-4中“表达”得分率为81.25%），这说明学生的研究论文写作能力有待进一步提高。

第二节　基于网络学习空间的翻转课堂[①]

在当今课堂革命的热潮下，翻转课堂教学模式作为提倡以学生为中心、提

① Qiu T, Xie Y, Ni M, et al. Development of a Model for Flipped Classroom Supported by PLS: A Case Study. Berlin: Springer，2016：241-246.

升学生学习效率的新型教学模式，受到国内外教育者们的广泛关注。翻转课堂颠倒传统的教学过程，将过去课堂教学中知识传授的学习过程移到课前，将知识内化的过程移到课中，充分利用课堂时间，调动学生的积极性，发挥学生主动性，提升教学效率。因此，翻转课堂教学模式在一线教学中得到了广泛应用。

“网络学习空间人人通”是新时代教育供给模式的核心思想，是推进教育现代化和教育强国建设的关键抓手，是实现“人人皆学、处处能学、时时可学”的基础设施。当下教育实践中，利用网络学习空间开展翻转课堂并不少见，但“如何认识”“如何翻转”“如何翻转好”等问题始终困扰着许多一线教师。基于此，本节从翻转课堂与网络学习空间的理论研究出发，构建基于网络学习空间的翻转课堂模式，以期为解决上述问题提供思路和方法。

一、问题的提出

随着我国教育改革的不断深入，课堂教学与人才培养的要求不断升级。在课堂教学方面，更加重视以学生为中心，尊重学生的主体地位，要求将课堂还给学生，使学生获得更大的自由。在人才培养方面，要求改革传统的三维教学目标，重视学生的核心素养与关键能力，着力培养学生的高阶思维与创新能力。而传统的填鸭式教育显然难以满足教育现代化的新要求。

翻转课堂近年来成为全球教育界关注的热点，这种全新的教学模式赋予学生更多的自由，它把知识传授的过程放在教室外，让学生选择最适合自己的方式接受新知识，而把知识内化的过程放在教室内，以便学生之间、学生和教师之间有更多的沟通和交流。同时，它也冲击了传统课堂，为当前教学模式的探索带来了新的启示。翻转课堂能体现混合式学习的优势，有助于促进教学资源的有效利用、发挥学生的主观能动性、满足学生个性化学习的需求、构建良好的新型师生关系，并为教学改革带来积极影响。然而，在具体实施翻转课堂的过程中，往往会因只注重翻转形式，而缺乏对学习者的个性化跟踪，使其无法实现应有的效用。如何突破课后单向传授的教学视频播放，关注学生深层次认知能力发展以及教师与学生之间、学生与学生之间的交流与互动，是实施有效的翻转课堂首要解决的关键问题。[①]如何使翻转课堂更加智慧、优质，成为一线教师实践翻转课堂需要解决的重要问题。

以智慧教育引领教育信息化的创新发展已成为信息时代的必然趋势。[②]作为教育信息化 2.0 行动的主要内容之一，建设网络学习空间、提升教学质量成为量大面广的重要工程。2018 年教育部发布的《网络学习空间建设与应用指南》中指明，网络学习空间是指由教育主管部门或学校认定的，集资源、服务、数据于一体，支持共享、交互、创新的实名制网络学习场所。它能够有力推进教学模式的创新，为翻转课堂的实施落地提供良好的技术支持和个性化的学习服务。

为此，本章通过分析翻转课堂与网络学习空间的研究现状，采用基于设计的研究方法，探讨基于网络学习空间的翻转课堂模式，并依托“教育技术研究方法”课程开展教学实践以检验其应用效果，以期为开展基于网络学习空间的翻转课堂教学实践提供有益借鉴。

二、相关研究述评

（一）翻转课堂的研究

学界普遍认为，翻转课堂起源于美国科罗拉多州落基山林地公园（Woodland Park）高中的两位化学教师 B. Jon 和 S. Aaron 的教学实践。B. Jon 和 S. Aaron 为了给课堂缺席的学生补课，录制了教学视频并上传到网络，一段时间以后，两位教师就逐渐以学生在家看视频、听讲解为基础，腾出课堂上的时间来为完成作业或实验过程中有困难的学生提供帮助。这种借助技术手段，使在教室里教学的事情发生在课堂之外，课堂之外的事情发生在课堂内的教学模式被称作“翻转课堂”或“颠倒课堂”。[③]

---

① 何克抗. 从“翻转课堂”的本质，看“翻转课堂”在我国的未来发展. 电化教育研究，2014，(07)：5-16.

② 祝智庭. 智慧教育新发展：从翻转课堂到智慧课堂及智慧学习空间. 开放教育研究，2016，22（01）：18-26，49.

③ Lage M J，Platt G J，Treglia M. Inverting the classroom：A gateway to creating an inclusive learning environment. Journal of Economic Education，2000，31（1）：30-43.

近年来，国内外关于翻转课堂的理论与实践研究如火如荼，取得了较大进展。理论研究层面，主要集中于翻转课堂的定义、模式、作用等方面；实践层面主要关注信息技术的应用及学生学习效果。

关于翻转课堂的本质特征，J. Bergmann 等认为，翻转课堂是一种手段，它增加了学生和教师之间互动化和个性化的接触时间；它是一种个性化的教学环境，在此环境下学生可以得到个性化的发展；教师不再是讲台上的“圣人”和“独裁者”，而是学生学习的真正的指导者。[①]祝智庭等认为翻转课堂是指将学习过程中的课内知识传授与课外知识内化两个阶段翻转过来的课堂。[②]

对翻转课堂的模式研究，贺斌和曹阳认为翻转课堂是将原本在课堂上的知识讲授录制成微视频，课前学生借助学习任务单观看微视频，并作少量针对性小测验，课中学生专注于练习、项目或者讨论，教师集中讲解知识结构，并有针对性地答疑解惑；[③]张金磊等分析课堂教学案例，构建了以信息技术和活动学习为杠杆的翻转课堂教学模型；[④]还有研究者构建了基于任务的翻转课堂模型[⑤]、太极式翻转课堂等不同形式的翻转课堂模式。此外，也有研究者探索结合信息技术的翻转课堂模式，如电子书包支持的翻转课堂教学模式[⑥]、基于 QQ 群和平板电脑的翻转课堂模式[⑦]等。

翻转课堂在提升教学质量方面的作用被广泛认可。作为一种人性化的教学模式，翻转课堂打破了传统课堂的局限性，扩大了教学信息量，让学生有更多体验的机会，在很大程度上能激发学生的学习动机，提高课堂参与度，增强学生自我效能感，更有利于学生对新信息的捕捉和理解，助力于学生的长久发展。翻转课堂的教学模式创新发展引起了教育界的广泛研究与探索，2011 年加拿大《环球邮报》将其评为“影响课堂教学的重大技术变革”。此外，赵兴龙

---

① Bergmann J，Sams A. Flip your classroom：Reach every student in every class every day. Washington：International Society for Technology in Education，2012：120-190.

② 祝智庭，管珏琪，邱慧娴. 翻转课堂国内应用实践与反思. 电化教育研究，2015，36（06）：66-72.

③ 贺斌，曹阳. SPOC：基于 MOOC 的教学流程创新. 中国电化教育，2015，（03）：22-29.

④ 张金磊，王颖，张宝辉. 翻转课堂教学模式研究. 远程教育杂志，2012，30（04）：46-51.

⑤ 李海龙，邓敏杰，梁存良. 基于任务的翻转课堂教学模式设计与应用. 现代教育技术，2013，23（09）：46-51.

⑥ 沈书生，刘强，谢同祥. 一种基于电子书包的翻转课堂教学模式. 中国电化教育，2013，（12）：107-111.

⑦ 张新明，何文涛，李振云. 基于 QQ 群+Tablet PC 的翻转课堂. 电化教育研究，2013，34（08）：68-72.

认为，翻转课堂能够促使教与学的方式发生变化，改变了人们所诟病的课堂上教师“猛灌猛填”、课后学生“猛练猛写”的传统教学模式。[①]

实践层面，国内外许多学校开展了应用翻转课堂进行教学改革的尝试。在国外，柯林戴尔高中经过一年多的翻转课堂实践，学生的学业成绩大幅提高；在国内，山东潍坊昌乐一中、重庆聚奎中学、广州天河区“天云项目”等都对翻转课堂进行了实践应用，并起到了良好的示范作用。

总体而言，国内外关于翻转课堂的研究已有一定基础，关注了技术对课堂的支持促进作用。基于此，本书认为，设计翻转课程的关键问题在于：与现代技术相结合，为学习创设一种可持续的、易于操作的环境；关注学生深层次认知能力发展以及教师与学生之间、学生与学生之间的交流互动。

（二）网络学习空间研究

网络学习空间的理论起源可以追溯到教育领域中关于学习环境、学习空间的相关研究。美国学习环境专家 B. G. Wilson 将学习环境定义为：学习者在追求学习目标和问题解决的过程中，使用多样的工具和信息资源相互合作和支持的场所。[②]国际上关于学习空间的研究主要开始于 2003 年，主要探讨如何改造学校环境以满足“数字一代”的学习需求。[③]

目前关于网络学习空间的研究主要分为技术构建开发与教学实践应用两大类别。

关于网络学习空间的技术构建研究主要集中在系统架构、综合设计、关键技术等方面。如贺相春等从软件系统架构的视角提出网络学习空间由存储、管理各类形态的数字教育资源子系统、联通资源管理与用户需求的管理与决策子系统，以及支持人与虚拟学习空间互动的交流与对话子系统构成。[④]祝智庭和管珏琪基于对“网络学习空间人人通”建设内涵的分析，从空间结构、接入环

---

① 赵兴龙. 翻转教学的先进性与局限性. 中国教育学刊，2013，(04)：65-68.

② Wilson B G. Metaphors for instruction：Why we talk about learning environments. Educational Technology，1995，35（05）：25-30.

③ 胡永斌，黄如民，刘东英. 网络学习空间的分类：框架与启示. 中国电化教育，2016，(04)：37-42.

④ 贺相春，郭绍青，张进良，等. 网络学习空间的系统构成与功能演变——网络学习空间内涵与学校教育发展研究之二. 电化教育研究，2017，38（05）：36-42, 48.

境、支持服务、用户能力四个维度建构“网络学习空间人人通”建设的一般框架。[①]随着新兴信息技术的不断涌现与飞速发展，网络学习空间的建设不断融入5G与人工智能技术。

在网络学习空间教学应用实践方面，杨玉宝和吴利红基于泛在学习视角，提出了基于网络学习空间的翻转课堂模式、个性化学习模式、创客教育模式、家校协同模式与专业发展模式。[②]杨滨和汪基德基于网络学习空间，构建基于问题解决能力培养的教学应用模式，并基于语文、英语与化学学科的教学实践提出了开放法、命题法、自主发现法、专题发散法、体验法、创客法、竞赛法等教学策略，以期为开展网络学习空间教学提供方法指导。[③]郑兰琴等应用社会网络分析法、内容分析法和行为序列分析法对网络学习空间中同伴互助行为进行系统分析，发现学习者的互助行为主要集中在分享信息、解释信息与提出问题三个方面。[④]

综合现有研究发现，目前国内外关于网络空间的研究主要从技术构建开发与教学实践两大维度展开，整个研究理论框架相对系统与完善，有较好的研究基础。但如何将“人人通”的网络学习空间更好地与翻转课堂结合，有待深入探讨。

三、基于网络学习空间的翻转课堂模式构建

本书结合翻转课堂与网络学习空间的研究基础，采取基于设计的研究方法，初步构建起基于网络学习空间的翻转课堂模式。

（一）理论依据

翻转课堂使传统的教学模式发生“颠倒”，将传统的“课上听讲，课后作业”变成“课前学习，课上作业”。

---

① 祝智庭，管珏琪.“网络学习空间人人通”建设框架. 中国电化教育，2013，(10)：1-7.

② 杨玉宝，吴利红. 泛在学习视角下网络学习空间的创新应用模式. 中国电化教育，2016，(07)：29-35, 42.

③ 杨滨，汪基德. 网络学习空间DPSC教学应用模式构建研究——网络学习空间人人通促进教与学深度变革实践反思之一. 中国电化教育，2018，(05)：44-52.

④ 郑兰琴，李欣，黄荣怀，等. 网络学习空间中同伴互助焦点和手段的研究. 中国电化教育，2017，(03)：76-81.

从认知活动的角度，学界根据现有研究一般将翻转课堂划分为四个阶段，分别为体验学习阶段、概念探究阶段、意义建构阶段及展示应用阶段。①体验学习阶段：教师组织一些学习活动，提高学生的学习兴趣，并让学习者了解学习目标。②概念探究阶段：学生借助教师提供的教学视频等进行课前自主学习，与同伴或教师在线讨论。③意义建构阶段：学生运用反思工具及社交网络完成对知识的意义建构，并进行测试。④展示应用阶段：学生形成学习报告与总结，教师予以评价与鼓励。

从教学环节的角度，R. Tallbert 教授的翻转课堂分为两个阶段五个步骤：课前阶段，学生观看教学视频，完成指导性练习；课中阶段，教师对自主学习情况进行评价，以问题为导向促进学生知识的内化，最后进行汇报和成果展示。[①]更多的研究认为，翻转课堂的教学实践有必要增加“课后反思”环节，鼓励学习者在课后利用博客、电子学档、概念图等工具对学习过程和学习结果进行反思。[②]

翻转课堂颠倒了传统的“以教师为中心”的教学理念，强调学生的主体地位；颠覆了传统的教学组织形式，把知识的学习放在课前，课上解决知识内化的问题；颠倒了教师与学生的角色，教师变成了课堂活动的辅助，学生成为主动内化知识的学习者。此外，翻转课堂还改变了教学资源和教学环境，要求教师课前准备微视频等多种资源，需要网络学习空间作为支持。

因此，构建基于网络学习空间的翻转课堂应注意教学理念、教学组织形式和师生角色的转变，并规划设计科学的网络学习空间，利用网络学习空间的技术功能为课堂提供适当的资源与技术支持。

（二）模式构建的方法与过程

1. 构建方法

基于设计的研究（design-based research，DBR）是指在真实情境中，以研究者与实践者的协作为基础，将科学的方法与技术的方法有效结合，通过反复循环的分析、设计、开发和实施，开发技术产品，在改进教育实践的同时，修正和发展新的教育理论的一种研究方法论。这里采用基于设计的研究方法，首

① Talbert R. Inverting the Linear Algebra Classroom. PRIMUS，2014，24（05）：361-374.

② 陈怡，赵呈领. 基于翻转课堂模式的教学设计及应用研究. 现代教育技术，2014，24（02）：49-54.

先通过文献研究提出基于网络学习空间的翻转课堂模式雏形，并对该模型要素和网络学习空间的功能支持进行分析；其次选取本科课程“教育技术研究方法”作为设计、开发和应用的案例，将该模式应用于教学实践，在应用过程中不断收集和分析数据、征求教师和学生的意见，通过基于设计的研究方法，构建较为完善的基于网络学习空间的翻转课堂模式；最后再验证该模式的应用效果。

2. 雏形设计

翻转课堂改变了传统课堂教学中知识传授和知识内化的顺序，为提高教学质量提供了一条新途径，网络学习空间在此过程中能够起到良好的技术支持作用。结合文献研究与理论探讨，基于网络学习空间对于翻转课程不同主体（教师与学生）、不同认知活动、不同教学环节的有效支持与系统整合，本节提出了基于网络学习空间的翻转课堂模式，如图 4-4 所示。

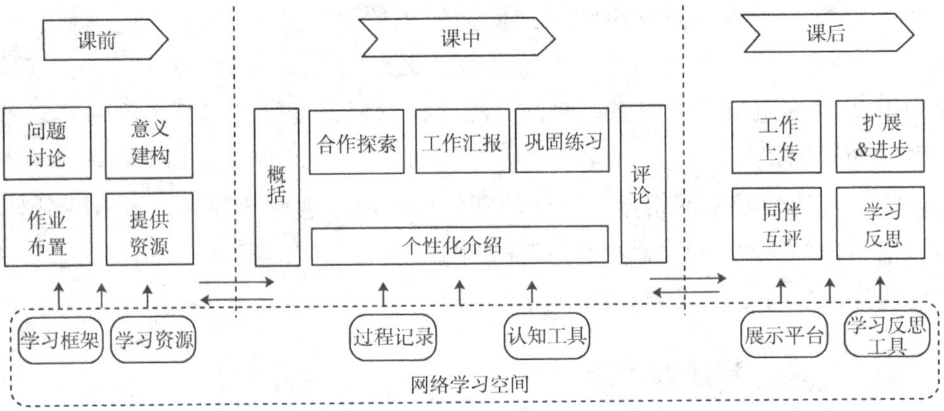

图 4-4　基于网络学习空间的翻转课堂模式

（1）课前自学，初步内化

在正式授课之前，教师利用网络学习空间，明确本节课的学习任务，推送相关学习资源，提供导学材料，利用空间为学生构建起学习支架。学生基于教师提供的资源与指导，开展自主学习，形成对知识点的意义建构。在这一过程中，教师还可以利用网络学习空间的网络社交工具组织学生讨论重难点问题，组织在线练习，以促进学生对知识的初步内化并衔接下一个教学环节。

（2）课中探究，个性指导

在课堂开始之初，教师总结学生存在的问题，对总体情况进行点评，深入分析重难点问题，对普遍存在的难点问题进行讲解。在课中，教师以任务或问题为导向，组织有意义的、个性化的协作探究活动，并在活动过程中实施个性化指导；学生可以借助网络空间提供的认知工具开展协作学习，完成学习任务，并汇报学习成果。最后，教师对学生的汇报进行总结评价，在必要时提供巩固练习。这一过程中，学生在网络学习空间中留下的各种学习过程数据，将为教师个性化指导学生及下一个环节的教学提供依据。

（3）课后交流，反思拓展

在课堂结束之后，教师可以组织学生上传学习成果并点评同伴作品，鼓励学生就自己的学习方法、学习过程、协作过程以及任务完成情况等进行学习反思，撰写反思日志。学生可以利用网络学习空间对课堂中存在的问题进行补救练习，并借助空间中的资源进行拓展学习。

（三）网络学习空间的支持作用分析

1. 承载学习资源，提供学习支架

在翻转课堂中，课前网络学习空间可以为学生的学习提供一个“自习室”，即线上学习平台，教师可以将各种能够帮助学生自学的数字化资源（包括文本资源、视频资源、练习等）及需要学生思考的问题上传至学习空间，网络学习空间提供承载、传输功能；同时，网络学习空间可为学生提供“讨论室”，通过网络学习空间的交流工具，组建师生讨论平台，为学生提供辅助知识意义建构的脚手架。

2. 提供认知工具，记录学习过程

网络学习空间能够为翻转课堂的课中活动提供丰富的认知工具。当教师在课堂中组织教学探究活动时，网络学习空间可以提供思维导图等工具，生动形象地展示学习重点、难点，帮助学生更好地内化吸收抽象难懂的知识；同时，学生可以借助平台上的软件开展探究学习，将学习思维可视化。在这个过程中，网络学习空间可记录学生的整个学习路径，保存学生在学习过程中产生的学习作品、思维等材料，帮助教师个性化指导。

3. 作品展示平台，提供反思空间

在翻转课堂中，网络学习空间可为师生提供交流社区，学生可以将学习作品共享展示给班级中的每个成员，为师生交流互评提供平台；还能够帮助师生记录收获总结、反思日志等，为教学反思提供个性化空间。

四、基于网络学习空间的翻转课堂实践研究

本节选择本科课程“教育技术研究方法”开展实践研究。研究对象为华南师范大学教育信息技术学院教育技术学专业的学生，共42人，分为8个学习小组，每组5～6人。教学内容为“教育技术研究方法”课程中的“教育技术行动研究”教学专题，课时数为3课时。实践研究中拟探讨的关键问题如下。

1）实施基于网络学习空间的翻转课堂教学是否能保证学生掌握相关知识点并将其运用于项目实践之中？

2）在实施基于网络学习空间的翻转课堂教学过程中需要注意什么问题？

（一）构建服务于翻转课堂的网络学习空间

根据翻转课堂的教学需要以及网络学习空间的功能特性，本节将从六个方面对所需要构建的网络学习空间进行需求定位。

1）能为学生提供个性化的数字化学习空间，支持知识管理、自主学习、协作学习。

2）能展示学生在线学习动态，为教师的个性化指导提供依据。

3）能共享优质课程资源以及学生优秀作品。

4）能提供及时、便捷的交流互动平台。

5）能提供多样化的学习工具。

6）能发布与接收教学信息、管理教学过程。

根据以上功能需求，本节结合已有的相关研究，建立起服务翻转课堂的网络学习空间。本节所建设的网络学习空间由资源共享区、工具服务区、学习讨论区、热点排行榜、个人中心和帮助等六个模块组成。

1）资源共享区：按照课程内容主题进行分类，学生可以在对应分类页面中下载和分享资源。

2）工具服务区：以快捷导航的方式呈现各类工具，可以根据个人需求进行添加或删除。

3）学习讨论区：分为课程内容讨论区和团体自由讨论区，前者主要用于面向全体的师生交互，后者用于学习小组内部交流。

4）热点排行榜：包括对用户、帖子、日志、群组等的排行。

5）个人中心：可根据自己的喜好及学习习惯对学习空间进行设置，提供发表日志、上传图片、发表讨论主题、上传学习资源的快捷通道。

6）帮助：为学生提供一个检索工具，可以检索知识概念或学习资源。

此外，本网络学习空间还能够通过“首页”呈现学习者的学习动态，展示学习者个人学习空间（personal learning space，PLS）中发布的最新资源、讨论主题、学习记录，如图 4-5 所示。

图 4-5　“教育技术研究方法”课程网络学习空间界面

（二）基于网络学习空间的翻转课堂教学设计

搭建起服务于翻转课堂的网络学习空间后，本节结合网络学习空间的技术支持，深入分析“教育技术行动研究”教学内容特点，将基于网络学习空间的翻转课堂模型与课堂教学内容相结合，设计本节课的教学过程，主要为课前、课中、课后三大环节，每个环节均在网络学习空间的支持下展开，如图 4-6 所示。

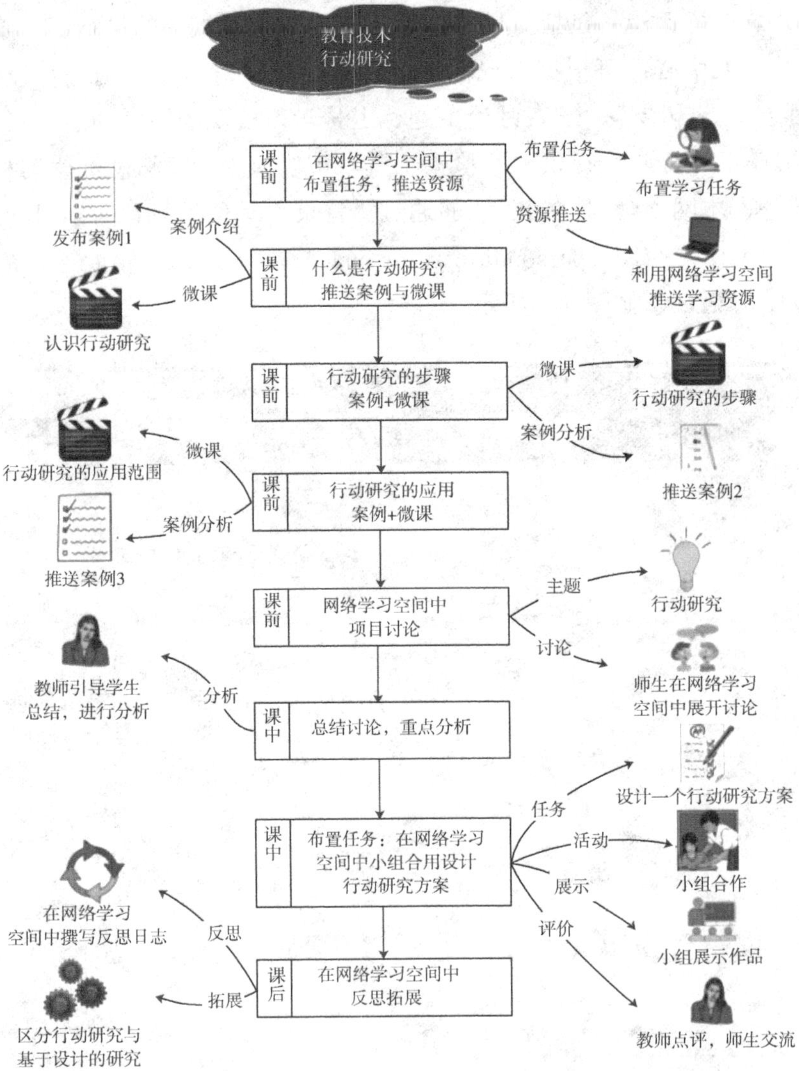

图 4-6　“教育技术行动研究”基于网络学习空间的翻转课堂教学流程

1. 课前自学，初步内化

课前，教师在网络学习空间里布置“教育技术行动研究”专题的自主学习任务，向学生推送典型研究案例和微视频讲解等数字学习资源，引导学生自主学习“行动研究方法概况”“行动研究步骤”“行动研究应用领域”等部分，并在网络学习空间中发布讨论问题——行动研究中应注意的问题，组织学生开展线上研讨。

2. 课中探究，个性指导

课堂开始后，首先，教师总结学生的课前讨论情况，对“行动研究中应注意的问题”进行重点讲解分析。其次，学生利用网络学习空间中的学习资源与协作工具，分小组开展项目实践活动，选择课题，设计行动研究方案，并上传到空间中。最后，小组开展成果汇报，师生共同交流点评。

3. 课后交流，反思拓展

课堂结束后，学生在网络学习空间上相互点评行动研究方案，撰写反思日志和心得体会，教师发布讨论问题——“行动研究法与基于设计的研究的差异”，组织学生进行讨论，为学生提供相关学习资料，拓展提升。

五、效果分析

在基于网络学习空间的翻转课堂实践后，本节从学生的课程学习成绩、项目学习成果评估学习绩效，进一步讨论基于网络学习空间的翻转课堂模式的实践效果。

（一）课程学习成绩

本节通过编制课程测试题并对学生测试成绩进行分析，评价学生对该门课程知识的掌握程度。题型包括填空题、名词解释题、判断题、计算题、设计题五种，主要测验学生对研究方法基本概念与操作程序的识记、理解、应用、分析、综合水平。满分为100分。

42 位同学的测试成绩描述统计如表 4-5 所示，平均成绩为 79.57 分，标准差为 7.884。利用 $\overline{X}$ -S 平面分析模型进行分析，如图 4-7 所示，可以看出，学生课程成绩位于坐标右下角，平均水平高，且相对集中，处于最佳状态，即被测学生已取得较高的测试成绩，基本掌握课程相关知识点。

表 4-5　“教育技术研究方法”成绩的描述统计量

统计量	*N*	最小值	最大值	*M*	*SD*
课程成绩/分	42	63	93	79.57	7.884
有效样本量	42				

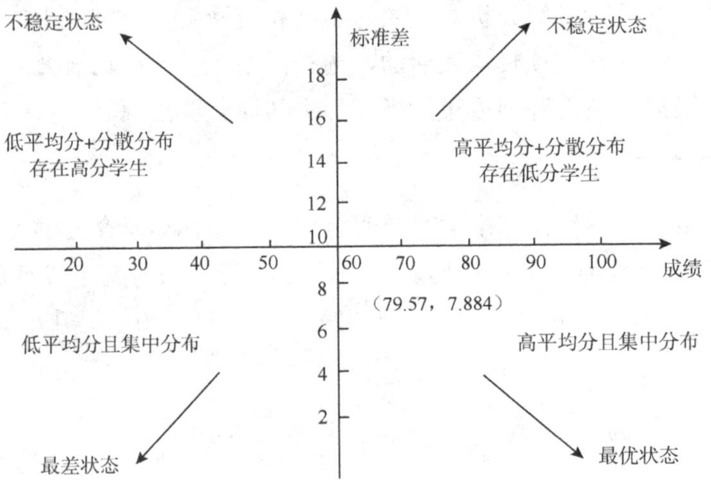

图 4-7 “教育技术研究方法”课程成绩 $\overline{X}$ -S 平面分析模型

（二）项目学习成果评价

“教育技术研究方法”课程开展项目实践的主要目的是：①将研究方法与研究项目有机结合，强化知识和意义的建构；②在真实的研究中，通过实际操作，提高学生的研究实践能力；③以小组形式完成项目，注重培养学生的系统思维、团队意识和创新能力。本案例项目实践为“行动研究选题与方案制订”，项目学习成果是学生以小组为单位完成的行动研究方案。按照“研究选题与方案制订”评价量规对 8 个小组的项目实践作品进行打分，各小组的最终得分如表 4-6 所示。可以看出，项目学习成果总得分率为 86.93%，学生的项目实践成果得到评价人的较高评价。学生的研究方案在“选题”方面有较高的质量（得分率为90.4%），反映了学生具有较好的研究选题能力。作品在“设计”方面也有较高的质量（得分率为86.7%），这说明学生对教育技术研究方案的设计和研究方法的运用有了深刻的理解和体会，并能够有效应用在研究实践中。但总体来说，学生的方案在“表达”方面得分相对较低（得分率为83.7%），初步认为，这与活动时间分配有关，即在课堂上学生活动时间有限，学生将大部分的时间用于选题讨论与设计，并更多地关注成果汇报，案例表达方面显得仓促。

表4-6　“研究选题与方案制订”项目实践单项评价结果　单位：%

结构目录	细分目录	结构目录平均得分率	细分目录平均得分率	总平均得分率
选题（30分）	选题新颖，视角独特（5分）	92.5	90.4	86.93
	选题具有独特的理论和实践价值（10分）	90.0		
	研究综述详细、全面、有针对性（15分）	90.0		
设计（50分）	研究目标明确（10分）	90.0	86.7	
	研究内容具体，与目标紧密相关（15分）	86.7		
	研究方法选择合适（15分）	87.5		
	研究过程计划合理（10分）	82.5		
表达（20分）	计划结构合理，细节恰当，逻辑性强（10分）	83.7	83.7	
	表达科学准确，符合规格（10分）	83.7		

六、研究结论

（一）主要结论

综上所述，本节根据网络学习空间综合资源集、工具集、社会网络与个性化的特性，将其作为翻转课堂的支持环境，开发基于网络学习空间的翻转课堂模式，为翻转课堂有效的教学组织、个性化学习的开展、学习的反思与内化提供支持，并使翻转课堂课前、课中、课后三个教学环节得到系统关联与整合。研究将该模式作为基本假设，开展案例研究，依托“教育技术研究方法”课程，搭建网络学习空间，根据模式的流程进行教学设计与教学组织。在此基础上，从学生的课程学习成绩、项目学习成果评估学习绩效，研究讨论基于网络学习空间的翻转课堂模式的实践效果。研究结果表明，运用本节开发的设计模型，实施基于网络学习空间的翻转课堂教学，能保证学生掌握与运用相关知识点，实现知识的内化，基于网络学习空间的翻转课堂模式对实践具有指导意义。

（二）讨论分析

基于以上数据分析，本书认为，被测学生已取得较高的测试成绩与小组作品成绩，已基本掌握课程相关知识点，并能较好地运用于具体情境之中。也就是说，在实践中，运用研究开发的设计模型，实施基于网络学习空间的翻转课堂教学，能保证学生掌握与运用相关知识点，实现知识的内化，一定程度上说明了基于网络学习空间的翻转课堂模式对实践具有指导意义。在此基础上，下文针对研究结论、数据分析以及教学实践具体过程中蕴含的几个关键问题展开讨论，以进一步明确基于网络学习空间的翻转课堂模式的操作策略。

1）什么情况下选择基于网络学习空间的翻转课堂？每一种教学方法都有其适用范围。案例中，基于网络学习空间的翻转课堂的有效实施，与案例选择的教学内容及其学习目标紧密相关。“教育技术研究方法”课程是一门方法论课程，强调理论知识与实践训练相结合，关注学生对研究方法的应用能力。这些需求能充分发挥案例教学（课前）、项目实践教学（课中）的优势，并通过深层次的互动交流有针对性、个别化地解决应用过程中的具体问题。

2）如何合理地分配课堂上有限的互动时间？翻转课堂将知识讲解安排在课前，从而腾出更多的时间在课堂上进行交流互动与问题解决，利用课堂上的时间开展项目学习，让学生在开展项目学习活动的过程中得到教师面对面的个性化指导。然而，相比课后，课堂上的时间是短暂的，无法面面俱到，因此，必须引导学生合理地分配课堂上有限的活动时间，适当地精简活动方案，控制活动具体环节的进程，使更多的时间用于促进知识有效地内化。

3）如何将虚拟空间与现实空间有机结合，以衔接三个教学环节？网络学习空间对翻转课堂的支持，能系统地衔接课前、课中、课后三个环节，这对整合现实空间相对分离、认知目标各有不同的三个教学情境，并达成教学目标，尤为重要。结合教学实践的经验，笔者总结了三项基本策略：①通过问题衔接，在课前网络学习空间的讨论与课中面对面互动中，提出相关联的探究问题；②通过任务衔接，可以将学习任务进行分解，部分环节在课前完成，部分环节在课中完成；③通过评价衔接，课前在空间上提供评价方案用以指导课中的学习活动，并在课后借助空间的评价工具完成对课中学习成果的评价与反思。

第三节　基于网络学习空间的个性化学习①

随着 5G、人工智能教育等新兴技术的不断涌现与飞速发展，网络学习空间的应用也出现了新的样态。目前关于网络学习空间的建设已经全面展开，但如何运用网络学习空间开展个性化学习成为亟待解决的问题。基于此，本节以高校课程学习为切入点，提出基于课程的个人学习空间构成要素与构建方式，并在“教学设计原理与方法”课程中采用基于网络学习空间的个性化学习模式开展应用实践，最后对其应用效果进行检验，以期为开展基于网络学习空间的个性化学习提供借鉴与指导。

一、问题的提出

随着“互联网+”时代的到来，信息技术在教育教学方面发挥着越来越重要的作用。在以开放性、去中心化、个性化、社会性为特点的“互联网+”时代背景下，传统意义上的教学观与学习观被颠覆，从而引发人们对满足教学需要的新型学习环境的探索。作为“三通两平台”的重要组成部分，网络学习空间是构建网络化、数字化、个性化与终身化的教育体系与推动教学模式创新的有效途径。个人学习空间具有个人管理、消息管理、资源管理、应用管理、社区管理等基本功能。然而目前网络学习空间的建设千篇一律，网络学习空间的

① 谢幼如，李丹飒. 基于课程学习的个人学习环境构建与应用研究. 电化教育研究，2012，33（10）：28-33，49.

应用局限在提供资源、学习工具几个方面。基于此，本节立足于高校课程教学改革与创新人才培养需求，根据学生个性化学习需求构建个人学习空间并采用基于网络学习空间的个性化学习模式，依托“教学设计原理与方法”课程开展实践，以助力学生的个性化发展与成长。

二、个人学习空间的构建

（一）个人学习空间与高校课程学习

1. 个人学习空间的内涵

目前关于个人学习空间的内涵，不同研究者基于不同的视角具有不同的认识。从知识层面上说，个人学习空间是一个系统的、庞大的学科知识库，是一种集合各类学科知识的资源系统，学习者应用个人学习空间的过程，其实质就是与学习内容、学习共同体等进行交互的过程，在这个过程中，学习者不断吸收、内化学科知识。从技术层面上说，个人学习空间是一个由人、工具、服务和资源组成的分布式环境，学习者能够随时随地通过互联网络开展学习，从而充分利用碎片化的时间掌握知识。从社会层面来说，学习者的学习就是不断与其他学习者、教师进行交流活动的过程，它凸显了学习者之间在互联网上获取信息、表达内容和互通知识的行为。其中个人网络学习空间支持教师自主选择学习工具、管理自己的学习、连通并形成个人资源网络和人际交流网络；支持学习者自主学习、个性推送学习资源、提供学习者适用型学习工具，还能够促进学习者主动寻求支持服务。

总而言之，作为可拓展的个性化工作和学习场所，个人学习空间能帮助改变学习环境、转变优质资源供给方式、变革教学模式、重塑评价方法等，即网络学习空间环境应能适应信息化学习条件下教与学的需求，满足个性化资源供给，支持自主、合作与探究等学习方式，注意跟踪、监控教与学全过程数据，从而推动正式学习与非正式学习融合，促进学习方式从单一、被动转向多元、个性，学习评价从注重分数与结果转向注重行为与过程。

2. 个人学习空间的作用

（1）为学习者实现知识管理

知识管理主要是指将组织中的信息与知识，通过获取、记录、整合、分享、创造等方式实现知识的创新发展。在 5G、人工智能技术飞速发展的今天，知识管理的方式与途径也在相应地发生变化。个人学习空间借助丰富的学习工具，如检索工具（如百度、谷歌）、订阅工具（如抓虾）、收藏夹工具（如 Del.icio.us）、交流工具（如博客、论坛）等，实现课程知识的获取整理、存储更新、交流分享与创新应用。

（2）为学习者提供个性化服务

个人学习空间是以学习者为中心的（learner-centric），是学习者根据自身学习需求，针对课程学习中存在的问题，搜集和分析学习信息，与他人进行交流互动、解决问题的学习空间；也是总结反思个人的学习经验，展示个人在学习过程中取得的进步与成果的虚拟环境。个人学习空间能够根据学习者的个性特点与学习需求提供个性化学习工具、推送个性化学习资源，也能够为学生的学习提供个性化学习路径，助力学生个性化成长。

（3）为学习者提供开放性空间

21 世纪是学习的世纪，无论我们身在何处，网络为我们每个人都提供了学习的机会。个人学习空间不仅为学习者提供了属于自己的个性化学习空间，还提供了一个与其他学习者互相联系交流的途径，使得不同学科背景的学习者可以跨越时空的界限聚集在一起分享交流，从而了解不同角色对知识的理解，让学习变得更加开放。

3. 高校课程学习存在的问题

信息技术的不断发展、知识的极大丰富加快了高校课程改革的步伐，同时也对大学生提出了新的要求。目前，在高校课程的学习中还存在以下问题有待解决。

（1）知识碎片化，不易梳理

系统化知识能够帮助学生全面掌握学科的基础内容，把握学科前沿动态。在信息化时代，知识呈现指数增长，知识碎片化已成常态，并不易梳理。高校课程面临着同样的问题。课程知识更新速度越来越快，并且呈现百花齐放的状态。学生在学习高校课程的过程中，不仅需要掌握书本上固有的知识点，还需要了解学科的最新前沿动态，然后将这些知识进行梳理与整合，使之系统化。这就迫切要求高校课程进行改革，一方面紧跟时代发展，加快教材的更新速度，使得知识内容自成体系；另一方面借助信息化手段与工具，帮助学习者利用直观可视化的形式梳理整合知识。

（2）学习缺乏个性化

高校课程的学习过程中存在着忽视学生发展需求、教学方式单一、教学效果不明显等问题。高校课程教学中，任课教师一般默认每个学习者的需求是相同的，没有充分考虑到学生自身的特点，因此教学时墨守成规，一成不变，不能充分发挥学习者的主体能动性，进而导致学生的个性发展存在问题。同时很多高校教师不愿意接受新的教学方式，只采用较为传统的讲授方式，导致课堂气氛不活跃、学生积极性不高。此外，在高校课堂教学中，学生上课不听讲、考试成绩不合格现象也时有发生。个人学习空间以学生的需求为出发点，通过记录学习者的行为过程数据，诊断学习者的知识盲点，进而推送个性化的学习计划，提供个性化的学习服务，帮助学生个性化发展。

（3）学生专业能力有待增强

在高校课程学习中，部分教师仍只强调课程分数，通过分数判断学习者学习的优劣。随着社会发展对人才培养的需求，越来越多的行业要求学习者不仅需要掌握深厚的专业知识，也要求学习者具备专业的技能，还要求学习者能够解决生活中的复杂问题。个人学习空间结合时代发展需要，为学生提供开放的空间和多重交流渠道，帮助学生利用更广阔的空间获得对不同问题的解决方法，从而增强其综合专业能力。

（二）个人学习空间的构成要素与构建方式

1. 个人学习空间构成要素分析

目前，不同学者根据自己的研究领域，对网络学习空间的内涵有着不同的理解，主要聚焦在虚拟环境说与系统平台说两个方面。关于虚拟环境说，有学者认为，网络学习空间是借助各种服务平台和系统搭建的虚拟线上学习环境或空间；关于系统平台说，有学者认为，网络学习空间是一种能够支持线上学习的平台或系统。这里提到的网络学习空间主要是指支持学生开展网络学习的学习环境。那么，网络学习空间由哪些要素组成呢？李卢一等指出，网络学习涉及三个构成要素，即人、知识和技术。[①]张丽霞和王丽川认为，网络学习空间是集工具、服务、个人资源网络、人际交流为一体的。从本质上看，个人学习空间是学习者和教师、学习伙伴、学习工具以及学习资源之间建立起来的动态连接。[②]同时，钟启泉认为学校课程的最基本元素，是一定的知识和技能，课程教学的基本课题就是让学生“习得知识”。因此，知识的获得与创造是学生进行课程学习的最终目的。[③]基于此，本书认为个人学习空间的构成要素为学习者、学习工具、学习伙伴、知识，其关系如图 4-8 所示。

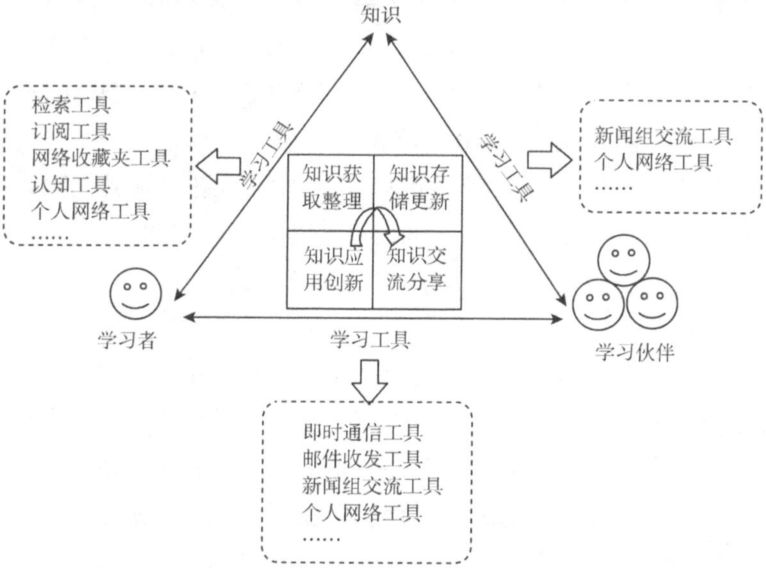

图 4-8 个人学习空间各要素关系图

（1）学习者

学习者，即在课程学习中利用个人学习空间开展学习活动的学生，他们是各种学习活动开展的重心，是知识的获得者与创造者。社会的发展使教师不再

① 李卢一，郑燕林，王以宁．“网络学习境脉”的概念模型．中国电化教育，2007，(08)：17-21.

② 张丽霞，王丽川．论连通主义视域下的个人学习环境构建．电化教育研究，2014，35（12）：63-67.

③ 钟启泉．现代课程论．上海：上海教育出版社，2003：95-112.

是唯一的知识生产者，生产者和消费者的传统界线逐渐消融，消费者逐步参与到生产过程中，在消费知识的同时，也是知识的提供者，学习者已经从知识的消费者（consumer）变成知识的“产消者”（prosumer）。通过不断的交流互动，学习者能够主动建构并深化自己的知识，也能够通过思想的碰撞，产生新的思想与内容。同时，学习者还是个人学习空间的经营者和管理者，能够根据自己的学习需要，有针对性地创设学习栏目，整合并管理学习资源。因此，学习者在个人学习空间的构成要素中处于核心地位，是个人学习空间不可缺少的要素。

（2）学习工具

学习工具泛指学生开展学习活动所需的各种工具和服务。这些工具包括百度、谷歌等信息检索工具，抓虾等订阅工具，Del.icio.us 等网络收藏夹工具，思维导图等认知工具，博客、微博等个人网络工具，QQ、微信等即时通信工具，Gmail 等邮件收发工具，BBS 等新闻组交流工具。这些工具可以为学生课程学习提供更好的服务，让学生可以在知识的网络中畅通无阻，及时为学生解决在课程学习中遇到的问题，同时让学生将学习心得与学习伙伴进行交流分享，通过多次交流最终获得对知识的理解与建构。

（3）学习伙伴

在学习者利用个人学习空间开展课程学习的过程中，可以与同伴交流学习上的心得体会，加深对知识的认识；也可以将自己的学习成果，与专家（这里的专家包括教学设计领域的专家以及一些优秀的一线教师）进行交流，从这些专家的意见中不断修正自己的成果，使自己获得的知识更加全面，使自己的成果更具理论性与实践性。学习伙伴之间的交流可以拓宽学习者的学习视野，从而构成更广泛的学习共同体，促进学习者知识和能力的获得。

（4）知识

知识获得与创造是课程学习的最终目的，是个人学习空间构建的终极目标。这里的知识一方面作为一种可以被分类、识别、组织、收集和测度的实体；另一方面，又是一个过程，包括知识的获取整理、存储更新、交流分享、应用创新。在个人学习空间的要素中，学习者为主体，学习工具为手段，学习伙伴为基础，知识获得为最终目的，四者相辅相成缺一不可。学习者通过各种学习工具，与学习伙伴进行交流，解决课程学习中出现的问题，不断修正自己的认识，对所学知识进行总结提炼，在完成知识的整理、存储、交流的同时也在不断地创造新的知识，这一部分知识又可以进一步被其他学习者使用，从而形成一个良好的生态圈，不断促进知识的积累与创造。

2. 个人学习空间构建方式

社会性软件是指构建于信息技术与互联网络之上的应用软件，能够反映和促进真实社会关系的发展和交往活动的形成，使人的活动与软件功能融为一体。通过上述分析，我们发现学习者可以利用社会性软件构建自己的个人学习环境。基于此，下文将着重介绍两种基于社会性软件构建个人学习空间的方式。

（1）利用单一的社会性软件构建个人学习空间

这里的单一社会性软件以博客为例来说明。博客通过聚合 RSS 种子以及 HTML 脚本链接等形式，整合网络应用及服务，进行知识管理与获取；利用 Tag 日志分类方式，为日志添加标签，使不同日志间的用户相互关联；利用代码编写，超链接整合 QQ、谷歌搜索引擎、抓虾等应用。这种构建方法，技术门槛低，易于掌握，学生只要直接登录相关的网站进行应用即可，是目前大家较常用的方法。但随之而来的问题是学习者需要记忆多个账号和密码，需要在不同网站之间跳转和切换，不利于各个工具之间的无缝链接。

（2）基于社会聚合器构建个人学习空间

常见的社会聚合器有谷歌、ZOHO 等，它们自身便可以提供多样化的 Web2.0 服务。下面以谷歌社会聚合器提供的 iGoogle 为例来说明。这种个人学习环境是以 iGoogle 为聚合点来构建的。iGoogle 的个性化程度和开放性最好，学习者可以自定义个人 Web 页面，并通过 Gmail 申请邮件账号，一次登录后学习者就可以利用谷歌提供的众多的个性化系列服务，根据个人需要选择谷歌提供的底层运行在 Google App Engine 之上的插件或外部插件构建其个性化的个人学习空间，谷歌本身自带的服务插件主要有提供订阅功能的 Google Reader，可以多人编辑的 Google Docs，提供日程管理的 Google Calendar，以及 Gmail 邮件和 Google Groups 兴趣小组等。学生可以根据自己的需要对这些插件进行添加和排列。这种构建方式需要的账户较少，各个工具之间的聚合更加深入。

（三）基于课程学习的个人学习空间构建

1. “教学设计原理与方法”课程简介

华南师范大学教育信息技术学院“教学设计原理与方法”课程是教育技术学专业主干课程，该课程 2005 年被评为国家级精品课程。为进一步推动该课程的建设与改革，本书尝试在该课程中开展学生个人学习空间的构建与应用。根据课程教学目标，通过课程学习，学生要掌握教学设计的基本原理，学会应用系统方法，从整体上设计、应用、评价各种教学资源与教学过程。但在教学中发现，学生缺乏对知识的系统化梳理，知识建构处于较浅层次，知识的综合运用能力仍有待提升。

2. 基于“教学设计原理与方法”的个人学习空间构建

在对个人学习空间构成要素及构建方式进行分析的基础上，根据课程学习的特点，可以得出整合后的个人学习空间应基本包括课程资料、学习工具、学习伙伴、交流空间、我的收获五个模块。其中学习者构建的个人学习空间功能模块，如图 4-9 所示。

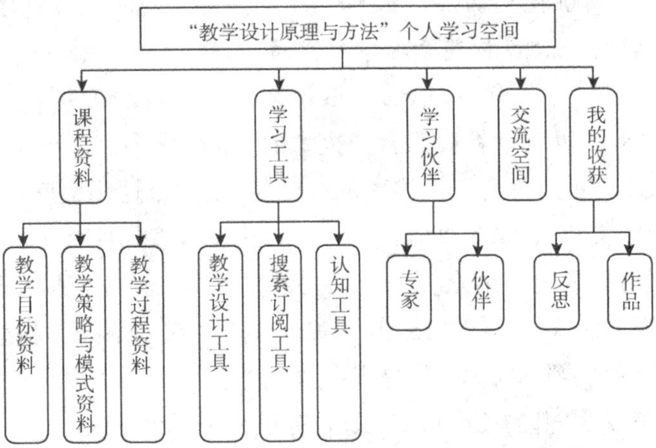

图 4-9　“教学设计原理与方法”课程个人学习空间模块

“课程资料”主要是学生在学习过程中搜集的各种资料，它可以是教学目标资料、教学策略与模式资料，也可以是教学过程资料，这一模块为学习资料的整理及共享再生提供了可能；“学习工具”主要是为学生提供支持学习的各种工具，包括教学设计工具、搜索订阅工具、认知工具等；“学习伙伴”主要是支持学生学习的共同体，它可以是学习过程中找到的伙伴，也可以是任课的教师或者课程助教；“交流空间”主要是学生为了解决学习问题而加入的论坛或者圈子，学生能够在交流空间里表达自己的想法、提出疑问、分享学习经验等；“我的收获”则主要是学生在学习过程中形成的反思、体会心得以及形成的相应的作品，这一模块可以促使学生对自己获得的知识进行整理归纳，从而创新知识，为其他学习者提供新的学习资料，使个人学习空间为学生的课程学习提供辅助和支持。基于以上功能构建出的个人学习空间如图 4-10 和图 4-11 所示。

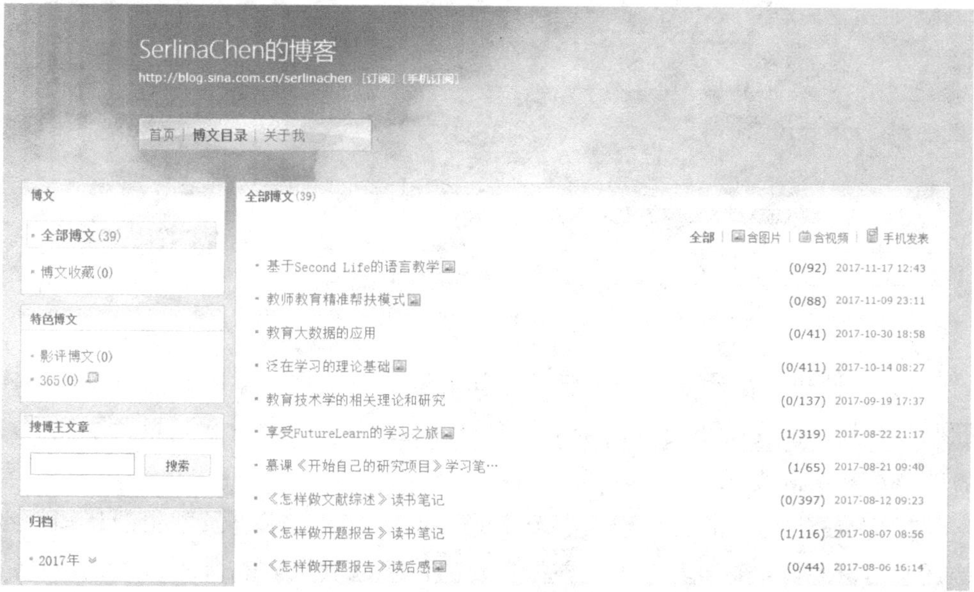

图 4-10　基于博客构建的个人学习空间

三、基于个人学习空间的个性化学习模式

（一）个人学习空间功能分析

个人学习空间是支持学生个性发展的重要工具，是助力学生个性化成长的

关键所在。本书结合个人学习空间的特点，可知个人学习空间能够帮助学生开展个性化学情诊断、实现个性化资源推送、助力个性化活动实施、帮助个性化作品形成、实现个性化评价反思。

图 4-11　基于 iGoogle 构建的个人学习空间

1）个性化学情诊断。个人学习空间能够在大数据、学习数据可视化、问题归类等技术的支持下对不同学生的学习情况进行个性化分析，以此了解学习者的特征和实际需求。

2）个性化资源推送。个人学习空间可根据学习需求以及学生的认知特点推送学习资源，每个学习者可以根据自己的情况选取相应的课件、学习素材等。此外，学习者也可获得符合自己需求的学习方法推荐，并自行作出选择。

3）个性化活动实施。学习者的学习活动是多种多样的，主要有自主分析与协作互助等。在自主分析过程中，学习者可根据自我需要，选择个人学习空间推送的资源及方法；在协作互动过程中，学习者能通过个人学习空间个性化地选择自己的学习伙伴，通过合作分工、交流讨论等活动共同解决问题。

4）个性化作品形成。在项目实践阶段，学习者可以个性化地选择学习作品呈现的形式，如方案、图片、视频、音频等。在这一过程中，个人学习空间主要为其提供展示平台，实现学习作品的共享。同时，个人学习空间还能够为其提供讨论空间，帮助学生在平台空间中进行互动。

5）个性化评价反思。学习活动结束后，学习者需要针对自己的学习过程进行评价反思。个人学习空间可将平时出错的问题自动生成错题集（错题集案例），学生可通过错题集有针对性地弥补认知缺陷。此外，个人学习空间可记录学习者的学习过程、行为和作品，从而形成学习档案袋，它可促进学生形成自我认识，不断提高自主学习能力。

（二）个人学习空间支持的个性化学习模式

个性化学习是指教育者以学习者的学习风格、学习兴趣、学习需求为依据，为其提供相适宜的学习材料、学习活动的一种教学方式。个人学习空间支持的个性化学习模式主要包括以个性化学习的过程为主线的教师教学活动与学生的学习活动，个人学习空间为教师教学、学生学习提供个性化支持。在该模式中，个性化学习的步骤主要包括自主学习、合作探究、个性化解疑、项目实践、个性化作品与评价反思六个阶段。在整个过程中，教师主要发挥信息发布、创设情境、方法指导、监督指导和交流答疑的作用。教师可以借助个人学习空间中多样化的学习资源为学生创设问题情境，能够发布课程信息，指导学生完成个人学习空间的使用，监督学生按时完成课程作业，并为学生提供合理化建议。同时，教师还可以对学生提出的疑难问题进行解答，为学生提供针对性的指导，帮助学生解决学习问题。学生则通过个人学习空间对教师设置的问题提出自己的看法，然后开展自主学习、合作学习与探究学习，共同完成学习任务。在自主学习、合作学习与探究学习的过程中，学生能够利用个人学习空间中的检索订阅工具进行课程资料的搜集；利用收藏夹工具进行课程资料的整理，从而获取知识；利用即时通信工具与其他个体进行协作交流，建构知识；利用新闻组交流工具共享获得的知识，并结合个人网络工具来完成知识的进一步深化；利用可视化工具呈现个性化学习作品；利用档案袋等记录学生行为数据，从而精准诊断学生情况。具体学习模式，如图 4-12 所示。

此外，在应用个人学习空间支持的个性化学习模式的过程中，需要注意如下策略。

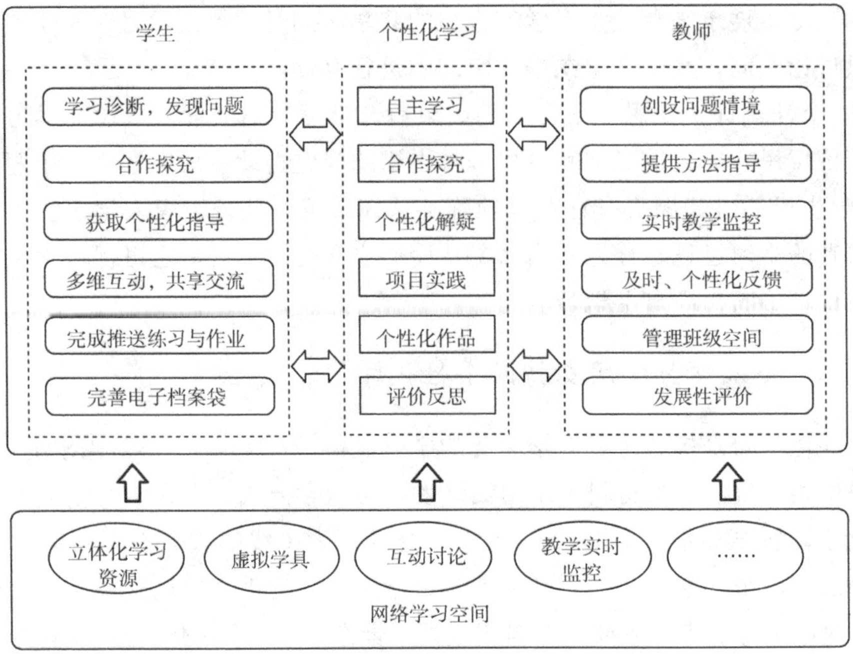

图 4-12　个人学习空间支持的个性化学习模式

1）教师提供个人学习空间应用的关键指导。在个人学习空间应用的过程中，教师一方面需要给予学生自由发展的空间，让学生自行探索个人学习空间的功能特点；另一方面也需要为学生提供关键指导，以帮助学生更好地理解个人学习空间的特点。如教师应该注意提高学生的网络运用能力，针对学生特点为学生提供多种不同类型的学习工具和课程资料，指导学生创建网络节点。

2）学生端正个人学习空间的学习态度。学生作为网络学习空间的主要要素之一，需要端正个人学习空间的学习态度，即发挥自身的主观能动性，自我探索个人学习空间的功能特点，熟练掌握个人学习空间的功能模块。学生在利用个人学习空间开展学习的过程中，应积极主动，随时记录学习收获，并加入网络互动群体开展学习。

3）注重交互关系的形成。个人学习空间是基于社会性软件构建而成的，个人学习空间中主要包括教师与学生群体，因此教师与教师之间、学生与学生之间、学生与教师之间的交互关系显得尤为重要。此外，在个人学习空间建设与应用的过程中，还应特别注重交互的顺畅进行。

四、应用效果分析

（一）提升学生知识管理能力

网络环境下个人知识管理框架主要包括获取信息、评估信息、组织信息、分析信息、展示信息、共享信息与信息安全等组成部分。[①]本书经过修改网络环境下个人知识管理框架，制订个人知识管理技能评价量表，并采用单时间序列前后测准实验研究开展实验，对实验多次测量数据进行两两配对 t 检验，结果如表 4-7 所示。

表 4-7 个人学习空间对学生知识管理能力影响数据配对 t 检验

分析项		成对差分					t	df	p
		M	SD	SE	差分的 95% 置信区间				
					下限	上限			
对 1	前测 1-前测 2	−0.545	0.934	0.282	−1.173	−0.082	−1.936	10	0.082
对 2	前测 2-后测 1	−4.000	1.342	0.405	−4.901	−3.099	−9.888	10	0.000
对 3	后测 1-后测 2	−0.456	0.522	0.157	−0.805	−0.104	−2.887	10	0.016
对 4	后测 2-后测 3	−0.636	0.809	0.244	−1.180	−0.928	−2.609	10	0.026

对于两次的前测结果进行统计分析，p 为 0.082>0.05，得出配对样本之间差异不显著，即两次前测成绩没有显著变化，实验可以开展；后测 1 与前测 2（p=0.000<0.01）差异非常显著，即个人学习环境对学生的知识管理能力获得产生了影响，后测 2 与后测 1（p=0.016<0.05）以及后测 3 与后测 2（p=0.026<0.05）之间均存在差异，说明个人学习环境对学生的知识管理能力获得产生了较持久的影响。将对学生知识管理技能数次测量的结果绘成折线图，如图 4-13 所示。设时间间隔的线段为 a，插入实验处理前，线段的斜率=0.55/a；插入实验处理后，三条线段的平均斜率=（4.0/a+0.45/a+0.64/a）/3 =1.37/a>0.82/a。由此可见，

① 甘永成. e-Learning 环境下的个人知识管理. 中国电化教育，2003，(06)：20-24.

基于课程学习的个人学习空间对学生课程学习过程中的知识管理能力获得有明显的促进作用。

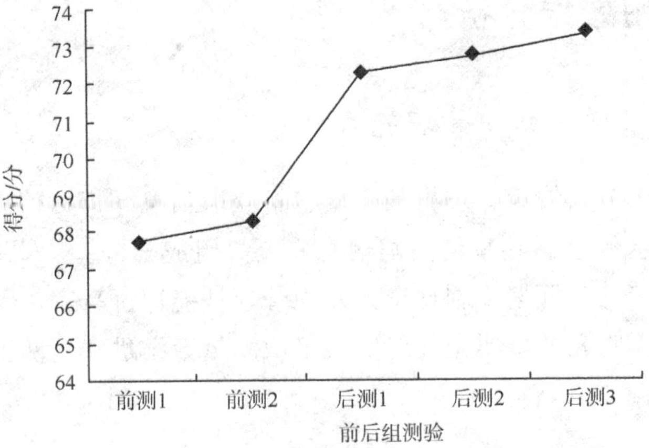

图 4-13　学生知识管理能力多次测量折线图

（二）提高学生知识建构能力

杨惠等通过研究计算机支持的协作学习环境（CSCL），发现学习者的高水平知识建构与个体自身和由其构成的网络基本属性有关系，其中网络密度、网络互惠性、节点中心度与学习者的高水平知识建构呈正相关。[①]下面对个人学习空间中形成的互动网络采用 Ucinet 6 for Windows 软件进行数据分析。

1. 网络密度分析

密度用来测量社会网络中实际联系的数目与所有可能联系的数目的商，在0～100%取值。密度越高代表行为者之间的关系越紧密。通过计算，在此网络中网络密度为 0.682（大于 0.5），说明此网络的密度较高，个人学习空间中学习者形成较紧密的互动关系，促进了学生高水平知识建构能力的获得。

2. 网络互惠性分析

网络互惠性指的是一个网络中实际存在的双向关系数目除以可能存在的最大关系数目的比值。通过计算，其网络互惠性为 0.731（大于 0.5），说明

① 杨惠，吕圣娟，王陆，等.CSCL 中学习者人际交往对高水平知识建构的影响. 开放教育研究，2009，15（01）：81-86.

个人学习空间网络中不同个体之间的对等交互较多，从而促进了其高水平知识的建构。

3. 节点中心度分析

在计算节点中心度的时候，我们选择的数据类型为非对称数据，并根据对帖子的计算方式选择了不包括对角线数据，形成的分析结果如表 4-8 所示，其中点出度中心势为 34.711%，点入度中心势为 34.711%，两数值相同，说明其中存在较好的对等关系。而中心势越接近 1，表明网络结构越具有集中趋势，从其中心势值来看，整个网络的中心势一般，没有明显的集中趋势，说明网络中形成的关系比较对等。其中 12、1、4、3、10、9、7 号个体的点出度较高，说明其经常访问其他个体，并与其进行交流；而 12、4、9、7、5、8、6 号个体的点入度比较高，说明其经常发表高质量的帖子，对课程知识的获得有一定的影响力，从而引起了他人的关注。其中个体标准化的外向程度中心性（NrmOutDeg）、标准化的内向程度中心性（NrmInDeg）均在 36%以上，这也说明了网络程度中心性较高，有利于高水平知识建构活动的产生。

表 4-8　节点中心度

序号	网络集中化（出度）	网络集中化（入度）	外向程度中心性	内向程度中心性
12	11.000	11.000	100	100.000
1	10.000	5.000	90.909	45.455
4	9.000	9.000	81.818	81.818
3	9.000	6.000	81.818	54.545
10	9.000	5.000	81.818	45.455
9	9.000	10.000	81.818	90.909
7	8.000	9.000	72.727	81.818
5	7.000	8.000	63.636	72.727
8	6.000	10.000	54.545	90.909
6	6.000	8.000	54.545	72.727
2	5.000	5.000	45.455	45.455
11	1.000	4.000	9.091	36.364

注：网络集中化（出度）和网络集中化（入度）均为 34.711%

（三）增强学生综合能力

综合能力的掌握是大学生专业课学习中一个重要的方面，本书选取了“教学过程的设计”项目来开展实践研究。在教学过程的设计中，学生可以通过动手实践获得的综合能力主要是教学设计的能力。因此，本节以教学设计能力检验个人学习空间对学生综合能力的掌握是否会产生促进作用。本节参考美国教育与传播技术协会（AECT）和国际培训、绩效、教学标准委员会（IBSTPI）制定的教学设计能力划分维度以及课程已经使用的教学过程设计方案评价量规，经过修改制定教学设计能力评价指标体系，并采用单时间序列前后测准实验研究开展实验，对实验多次测量数据进行两两配对 t 检验，结果如表 4-9 所示。

表 4-9　个人学习空间对学生教学设计能力影响数据配对 t 检验

分析项		成对差分					t	df	p
		M	SD	SE	差分的 95% 置信区间				
					下限	上限			
对 1	前测 1-前测 2	−0.364	0.674	0.203	−0.817	−0.089	−1.789	10	0.104
对 2	前测 2-后测 1	−4.092	1.136	0.343	−4.854	−3.328	−11.942	10	0.000
对 3	后测 1-后测 2	−0.455	0.522	0.157	−0.805	−0.104	−2.887	10	0.016
对 4	后测 2-后测 3	−0.364	0.505	0.152	−0.703	−0.025	−2.390	10	0.038

对于两次的前测结果进行统计分析，p 为 $0.104>0.05$，得出配对样本之间差异不显著，即两次前测成绩没有显著变化，实验可以开展；后测 1 与前测 2（$p=0.000<0.01$）差异非常显著（表 4-9），即个人学习环境对学生的教学设计能力获得产生了影响，后测 2 与后测 1（$p=0.016<0.05$）以及后测 3 与后测 2（$p=0.038<0.05$）之间均存在差异，说明个人学习环境对学生的教学设计能力产生了较持久的影响。将对学生教学设计能力数次测量的结果绘成折线图，如图 4-14 所示，设时间间隔的线段为 a，插入实验处理前，线段的斜率=0.36/a；插入实验处理后，三条线段的平均斜率=（4.09/a+0.45/a+0.36/a）/3 =1.63/a>0.32/a。由此可见，基于课程学习的个人学习空间对学生课程学习过程中的综合能力的获得产生了积极的作用。

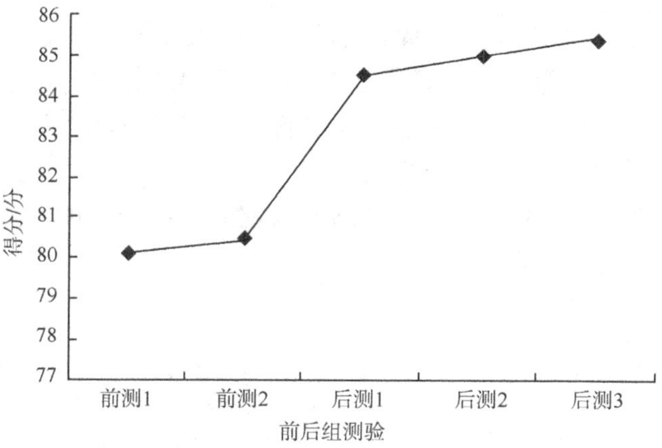

图 4-14　学生综合能力多次测量折线图

五、研究结论

本节对基于课程学习的个人学习空间构建与应用进行研究得出如下结论。

1）在对国内外文献进行分析的基础上，本书提出了基于课程学习的个人学习空间构成要素，并对要素间的关系进行了阐述；同时，基于社会性软件提出了个人学习空间的两种不同构建方式。

2）通过研究，形成了个人学习空间支持的个性化学习模式与应用策略。

3）对个人学习空间支持的个性化学习模式的应用效果进行验证，发现其可以促进学生的知识管理能力、知识建构能力和综合能力的提升。

第四节　基于网络学习空间的知识生成①

新时代我国教育信息化发展从 1.0 时代迈向 2.0 时代，从起步应用迈向融合创新。“网络学习空间人人通”的建设应用是助推教育信息化 2.0 行动计划落地、实现教育强国建设的关键抓手。规范网络学习空间建设、持续推进“网络学习空间人人通”专项培训、开展网络学习空间应用普及活动成为网络学习空

① 谢幼如，邱艺，罗胜涛，等. 网络学习空间建设应用新范式：知识生成视角. 中国电化教育，2018，(09)：1-6，16.

间建设与应用的重要任务。基于此，本节从知识生成视角出发，按照“理论演绎—实践验证—效果评价”的研究过程，综合运用文献研究、行动研究和准实验研究等方法，在理论层面，提出了新时代网络学习空间知识生成研究的主要内容，分析了网络学习空间知识生成研究的可行性；在实践层面，依托小学科学探究实践验证了知识生成视角下网络学习空间创新应用的有效性，形成了网络学习空间建设应用的新范式。

一、问题的提出

“网络学习空间人人通”是新时代教育供给模式的核心思想，是推进教育现代化和教育强国建设的关键抓手，是实现“人人皆学、处处能学、时时可学”的基础设施，同时也是开展数据支持下个性化教与学的重要入口。知识经济与“互联网+”的冲击改变了人类对基于传统教育视角下对知识一成不变的理解，将知识与学生个体生命脱离开来的预设性教学已无法满足学生的个性发展与现实需要。生成主义哲学观下的生成性教学应运而生，并逐步成为培养创新人才的重要策略。它重过程而非本质，重创造而反预定，重个性差异而反中心同一。生成性教学是指在弹性预设基础上，师生充分交互，不断调整教学活动和行为，共同建构并形成新的信息、资源的动态过程，其目的是实现教学目标和创生附加价值。现有的网络学习空间中并不缺乏信息、知识和资源，但其本应具备的协作互动特征却被弱化，网络学习空间成了存储知识的仓库，而不是实现知识生成创造的空间。

由此可见，新时代人类学习的内涵与方式的转变对网络学习空间的建设应用提出了新要求，而现有的网络学习空间无法有效促进互动协作和知识生成，迫切呼唤重塑网络学习空间的建设应用范式。

二、基于网络学习空间的知识生成研究

（一）网络学习空间构建与应用研究

网络学习空间的构建与应用是教育信息化的“晴雨表”，也是落实教育信息化 2.0 进程的行动指南。目前关于网络学习空间的研究主要分为技术构建开

发与教学实践应用两大类别。综合现有研究发现，目前关于网络学习空间的研究已全面铺开，无论是技术开发方面还是实践应用方面都取得了一定的研究成果，但对于网络学习空间中师生、生生互动本质的探寻仍不够深入，对于网络学习空间互动行为路径的构建尚未明晰。

（二）知识生成及其相关研究

信息技术的发展推动时代的变迁，当今知识的内涵不再是数据和信息的简单累积，而是可用于指导实践的信息，是人们在改造世界的实践中所获得的认识和经验的总和。用生命和动态生成的观点看待每个学生个体而非将其与知识割裂开来，有利于促进学生个体知识的内化与生成，实现创新人才的培养。目前，关于知识生成的研究主要包括机理探寻、路径构建、实践应用与可视化表征等几个方面。

关于机理探寻方面，野中郁次郎和竹内弘高将知识生成理解为人类隐性知识与显性知识之间的社会化相互转换的循环过程，并构建出知识创生螺旋。[①]李虹和曲铁华基于信息加工理论视角，认为教师实践性知识的生成机制就是构成教师实践性知识的理性信息、感知信息、情绪信息和操作信息，在教师反思的过程中组块，并使信息模块扩充和延展的信息加工过程。[②]

关于生成路径方面，潘洪建从个人知识的性质出发，探讨了个人知识在课程实施过程中的生成机制，主要包括外化表达、交流讨论、活动体验、反思内化四个部分。[③]连秋菊在对知识生成进行整体概述的基础上，结合全面分析知识生成的详细目标确立、讨论话题的生成性、论坛知识的动态生成及螺旋式上升、学习者的讨论反思四个方面，构建了在线学习论坛中知识生成过程，并提出“有效设计讨论话题，孕育生成”“促进论坛知识循环转化，保障生成”“发挥小组及领袖作用，支持生成”策略，以促进基于 Moodle 平台的在线学习论坛知识的生成。[④]谢幼如等结合生成性教学理论，提出生成性教学过程包括弹性预设、交往反馈、应对构建、生成创造、评价-反思五个阶段，其中弹性预

---

① 竹内弘高，野中郁次郎. 知识创造的螺旋：知识管理理论与案例研究. 李萌，译. 北京：水利水电出版社，2006：19-27.

② 李虹，曲铁华. 信息加工理论视域下教师实践性知识的生成机制探析. 教育理论与实践，2018，38（07）：39-43.

③ 潘洪建. 论课程实施中个人知识的生成. 教育研究与评论（小学教育教学），2010，（09）：91.

④ 连秋菊. 在线学习论坛知识生成过程及策略研究. 浙江师范大学，2016：83-84.

设是生成性教学的前提条件，交往反馈是促使学习者知识生成的主要方式，应对构建是生成性教学的关键环节，生成创造是生成性教学的目标与最终产物，评价-反思是推动生成性教学逐步完善的有效手段。[①]

关于实践应用与可视化表征方面，王燕和郦莉以口译过程为切入点，在"听、懂、记、译"四个环节中探讨知识的转变，探索出自反式知识生成模式，并提出了基于个人知识生成的教学策略模型。[②]国玉霞和颜士刚以视觉认知、视觉传播等理论为切入点，建构了由视觉思维、视觉图式、视觉意象构成的"三维视觉"联动知识可视化视觉表征过程理论框架和以"编码—代码—解码"三码转换为核心的知识可视化视觉传播过程理论框架。[③]谢幼如等基于智慧学习环境，探究了小学语文阅读课生成性教学的路径，形成了一条促进小学生阅读生成的可视化教学路径。[④]

综合已有研究发现，现有关于知识生成机理和应用的研究已较为丰富，但对于不同分类知识的生成的研究仍需要进一步明晰，利用可视化技术表征不同分类的生成知识，实现知识创新是实现有效生成的重要路径之一。

（三）基于网络学习空间知识生成研究的主要内容

现有网络学习空间中缺乏目的明确、指向清晰和效果可视的互动行为，新时代对创新人才的需求为网络学习空间的研究提供了新的思路，促进知识生成、培养创新人才成为网络学习空间建设与应用的重要导向。互动是生成的出发点，路径是生成的指南针，可视化是生成的着力点，实践应用是生成的核心力，这就需要理论化阐释网络学习空间中知识生成的始末与生命周期，模型化显示网络学习空间中的互动行为，路径化明晰网络学习空间中知识生成的过程，可视化表征网络学习空间知识生成的产物，实践应用检验网络学习空间知识生成的效果，实现网络学习空间中知识生成的有效激发、动态引导与可视化表征，同时为网络学习空间的设计与开发提供理论依据。基于网络学习空间知

① 谢幼如，吴利红，黎慧娟，等. 智慧学习环境下小学语文阅读课生成性教学路径的探究. 中国电化教育，2016，(06)：36-42.

② 王燕，郦莉. 口译过程中的自反式知识生成模式——以口译笔记为例. 中国翻译，2014，35（02）：27-32，127.

③ 国玉霞，颜士刚. 论视觉传播视野下的知识可视化过程. 电化教育研究，2016，37（03）：20-25，33.

④ 谢幼如，吴利红，黎慧娟，等. 智慧学习环境下小学语文阅读课生成性教学路径的探究. 中国电化教育，2016，(06)：36-42.

识生成研究的主要内容，如图 4-15 所示。

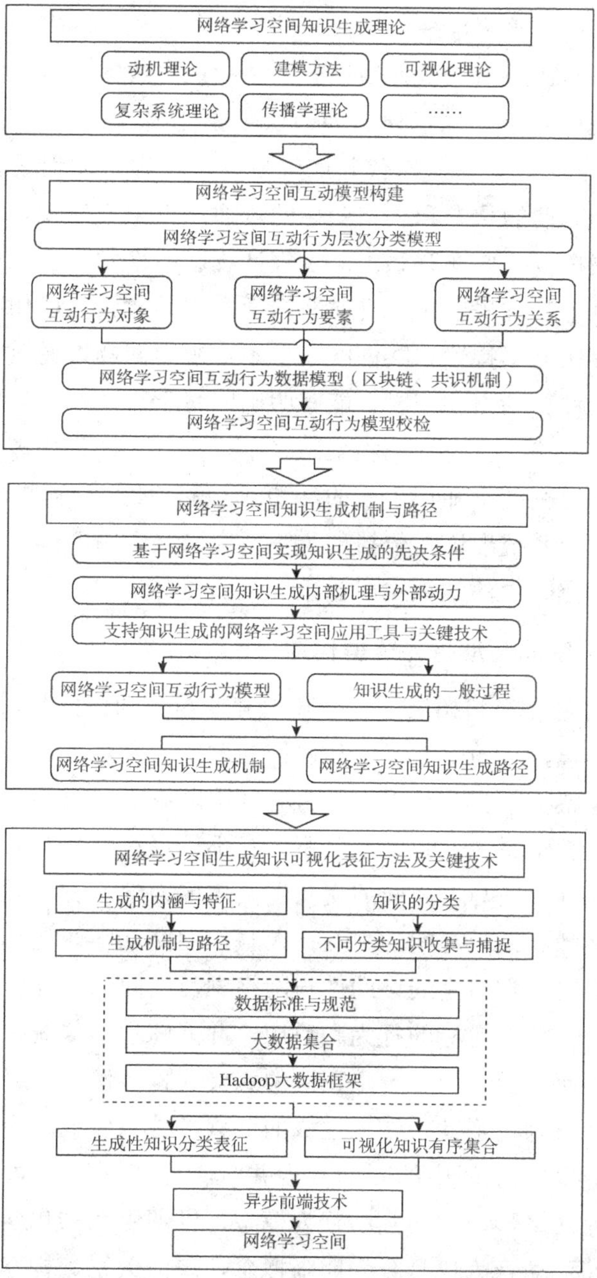

图 4-15　网络学习空间知识生成研究的主要内容

1. 网络学习空间知识生成理论探究

知识的生成可以等价地理解为知识的创造与建构。本书研究团队结合多年一线信息化教研实践经验，认为知识建构是知识生成的手段之一，也是知识生成过程的重要组成部分。知识建构为知识生成提供“生成元”。知识生成，即“生成元”在各个层级上反复迭代并产生事物的过程。知识是认识论范畴的概念，是关于事物运动的状态和状态变化的规律，用生成的观点看待知识，可以将其理解为事物在复杂内在联系中的过程产物。网络学习空间所具备的交互性为知识生成提供了基础平台，但目前网络学习空间建设与应用存在资源堆砌但不流动、交互存在但不持续、共创隐喻但不可视等问题，通过探究网络学习空间知识生成的条件、动力和产物，能够明确网络学习空间中知识生成过程的始末与生命周期，能够有针对性地收集网络学习空间中知识生成的产物，能够持续性激活网络学习空间中知识生成的活动。这就需要结合动机理论、建模方法、可视化理论、复杂系统理论和传播理论等探究网络学习空间知识生成的理论框架，为网络学习空间中的知识生成提供理论支撑。

2. 网络学习空间互动行为模型构建

网络学习空间丰富和拓展了学生在原有学习空间中的学习体验，营造出在线协作学习的环境，从而促进互动和协作的发生。交互是网络学习空间的基本功能属性与重要特征。交互体现为学习者利用网络学习空间与其他学习者、教师团队以及其他教学系统要素产生联系。它不仅仅包括人与人之间的交互，还包括人与物的交互。人与人之间的交互主要体现为学习者与学习者之间的交互以及学习者与教师、助教之间的交互；人与物的交互则体现在学习者与网络学习空间、教师与网络学习空间、助教与网络学习空间的交互。交互的目标是促使学习者作出符合教育目标的行为和反应，并能够超出传统预设，创造性地生成其他内容，从而对学习内容产生正确的意义建构。然而网络学习空间中的互动行为多元复杂，为揭示其中知识生成的前置条件、生成路径及生成结果，首先需要明晰网络学习空间中的互动行为并收集网络学习空间中师生交互行为数据；其次构建网络学习空间互动行为模型，以便于数据化学生学习行为。构建网络学习空间互动行为模型分为明晰概念、厘清关系、构建模型、模型校检等几个步骤，主要内容包括界定网络学习空间互动行为概念，厘清网络学习空间互动行为中的对象、要素以及他们的属性、行为和关系，构建网络学习空间互动行为层次分类模型、概念模型与数据模型并校检完善，最终构建出真实有效的基于网络学习空间的互动行为模型集合。

3. 网络学习空间知识生成机制与生成路径

生成机制是指按照一定的运作方式把组成某个事物的各个要素联系起来，然后明确各个要素之间的结构与关系。生成路径则显示知识从无到有、从杂乱无章到有序组织的基本过程。探究网络学习空间知识生成机制与路径，关键在于分析网络学习空间知识生成的构成要素以及各个要素之间的整合方式。知识生成是一种动态特殊的知识建构过程，网络学习空间中蕴含丰富的互动行为，利用网络学习空间激发知识生成过程，示踪知识生成路径有助于精准干预学习进程，提供适应性学习支持服务，以期提高学习效果。这就需要首先明晰基于网络学习空间实现知识生成的先决条件，梳理网络学习空间中知识生成的内部机理与外部动力，探索支持知识生成的网络学习空间应用工具与关键技术；其次通过网络学习空间互动行为模型结果与知识生成的一般过程，归纳、演绎出网络学习空间知识生成的机制与路径；最后再通过实践验证网络学习空间知识生成机制与路径的科学性和准确性。

4. 网络学习空间生成知识可视化表征方法及关键技术

知识可视化应用视觉表征手段，促进群体知识的创造和传播，并提出通过绘制草图、知识图表、视觉隐喻等视觉方式表征知识，以促进人际间的知识传播和创新。知识可视化强调人际之间的互动，网络学习空间中生成知识的可视化能够促进个体和群体的知识再创造与传播。视觉传播与视觉认知是可视化的理论基础，基于网络学习空间的知识可视化既需要解决可视化何种生成知识的问题，也需要应用契合的技术进行可视化表征。表征什么类别的知识、如何表征知识是实现网络学习空间知识生成的核心，这就需要首先明确网络学习空间中生成知识的收集、捕捉与分类方式，给出网络学习空间中不同类别生成知识的具体表征方法，构建基于网络学习空间知识生成路径的可视化知识有序集合，最终通过不同的技术可视化表征网络学习空间中不同类别的生成知识，促进知识的再生成，提升学生的创造力。

（四）基于网络学习空间知识生成研究的可行性分析

我国将网络学习空间作为教育信息化的重要抓手，大量学者从系统架构、综合设计、关键技术、教学应用等角度开展了深入探讨。同时，不同学科领域的学者也对知识进行了分类，如哲学领域将知识分为显性知识、隐性知识；认知心理学领域将知识分为陈述性知识、程序性知识；教育学领域将知识分为事实性知识、概念性知识、程序性知识、元认知知识。此外，网络学习空间被认为是跨学科思维和多学科参考，基于网络学习空间的知识生成研究为应用技术手段表征不同分类的知识提供了理论依据。在知识表征对象、主体、手段、表征物等领域，国内外学者给出了一系列方案：概念图、思维导图、认知地图、语义网络、思维地图、启发式草图、动画、示意图等。知识视觉表征是实现知识可视化的有效途径和研究内容，这为知识生成可视化提供了一种战术层面的实践方法和策略；Hadoop 等大数据框架在各行业的应用日趋成熟，深度学习中的神经网络和聚类算法为结构化和非结构的文本、数字、图像等数据的加工存储提供了便利和可能性。基于网络学习空间的数据结构建模变得相对简单化，使学习互动中的知识生成、知识可视化等数据可进行加工并形成信息，从而为传播知识、促进知识创造提供了有效的关键技术保障。

三、基于网络学习空间的知识生成可视化

网络学习空间的推广应用，能够为知识生成提供环境，为知识的可视化提供必要的工具与平台，从而有力地推动生成性知识的可视化表征。科学教育的改革与发展对科学技术人才的培养和公民科学素养的提升起着重要作用，以科学探究培养科学素养不仅是教育部课程标准的要求，同时也是新时代发展的需要。网络学习空间不仅为小学科学课提供探究空间与工具，同时能可视化表征探究过程，促进小学生科学知识的掌握，提升小学生科学探究能力，培养小学生科学情感态度价值观。本书梳理出小学科学探究的一般过程及类型，并在理论层面构建科学探究的可视化过程，在技术层面实现网络学习空间对科学探究过程可视化的相关支持，在实践层面验证基于网络学习空间的科学探究过程可视化促进知识生成的效果。

（一）支持探究过程可视化的网络学习空间构建

1. 小学科学探究过程的基本环节

科学探究是人类认识自然现象、事物本质和客观规律的活动。小学科学探究过程是指学生通过模拟类似科学界的探究过程来理解科学概念和探究本质的一种学习活动。科学探究过程是从事科学探究活动必须经历的过程，它对于教育信息化 2.0 时代的学习创新，特别是学生批判性思维、迁移应用能力与问题解决能力的培养具有重要作用。关于科学探究的过程，按照不同的研究范畴，有不同的理解。根据对科学探究活动的理解和描述方式，本书将其分为单向线性科学探究过程、循环式科学探究过程以及网状科学探究过程三种类型。关于单向线性科学探究过程，如《义务教育小学科学课程标准》（2017 年版）提出科学探究过程主要包括观察、提出问题、查阅书籍和其他信息资源来寻找已有知识，设计方案，实验检验，利用各种工具搜集、分析并解释数据，给出答案，解释或预言、交流结果。关于循环式科学探究过程，有学者认为，第一步，提出一个问题；第二步，对问题进行预测和假设；第三步，制订计划并用计算机模型或真实的材料开展实验；第四步，分析数据，并以科学规律和模型的形式总结探究结果；第五步，对得出的规律或模型进行应用。完成这五个步骤后，学生反思探究内容和过程，然后提出新的问题，并用改良的探究方法回到循环的开始。关于网状科学探究过程，相关研究表明科学探究的过程是由疑惑、收集数据、研究数据和建立联系四个步骤反复进行的，并且这四个步骤不一定按照固定的顺序进行。[①]此外，《义务教育小学科学课程标准》（2017 年版）指出，科学探究的过程包括提出问题、作出假设、制订计划、搜集证据、处理信息、得出结论、表达交流、反思评价八个步骤。

根据以上对科学探究过程的分析，结合小学生的认知发展特征，本书认为，小学科学探究过程可以分为假设阶段、探究阶段和形成结论阶段三个阶段，其中假设阶段包括提出问题、猜想假设；探究阶段包括设计方案、检验假设、分析证据；形成结论阶段包括得出结论、表达交流。具体阶段步骤如

---

① White B Y，Frederiksen J R.Inquiry，Modeling，and Metacognition：Making Science Accessible to All Students. Cognition and Instruction，1998，16（01）：3-118.

图 4-16 所示。

图 4-16 小学科学探究的一般过程

（1）假设阶段

在假设阶段，学生通过分析问题情境，提出问题，形成假设。提出问题是开展探究活动的第一步。教师应该根据教学内容和教学目标，设计与学生原有认知结构相联系但又不和谐、与学习目标相关但又不直接的情境，以引发学生的认知冲突，从而促使学生处于一种质疑状态。猜想假设的主要目的是提出探究的方法和可能性。一方面教师需要帮助学生确定探究方向、制订探究计划、部署探究程序；另一方面教师还需充分调动学生积极参与科学探究的热情。

（2）探究阶段

在探究阶段，学生通过设计方案、检验假设、分析证据等活动对假设进行检验和评价。探究方案的制订是探究过程顺利进行的有力保障。在设计探究方案时，学生需要思考探究的原理和方法、实施步骤、工具或材料等内容，然后进行科学探究，收集证据以支持假设的论证。学生在搜集证据后，还需要根据信息、事实或现象之间的关系及其相互联系，对相关信息进行加工整理，对论证进行归纳分析。

（3）形成结论阶段

在形成结论阶段，学习者应根据论证分析的结果，通过客观描述和主观解释，得出结论。

2. 基于网络学习空间的探究过程可视化

网络学习空间中存在的可视化、建模、仿真等技术为科学探究教学改革提供了新的思路。现有研究普遍认为，可视化对象能有效地解释、展示和学习科学技术领域的理论、概念和方法。结合可视化技术的分类与特点，我们认为网络学习空间对可视化科学探究过程有以下支持作用，如图 4-17 所示。

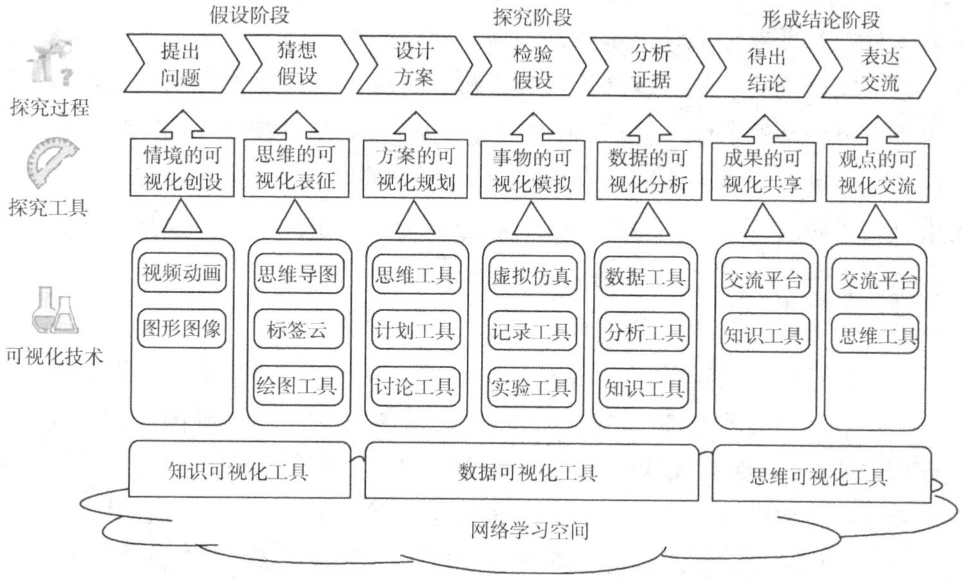

图 4-17　网络学习空间对科学探究过程的可视化支持

（1）假设阶段：情境创设与思维表征可视化

针对科学探究过程的假设阶段，网络学习空间可以支持情境的可视化创设与思维的可视化表征。在小学科学教学中，探究发源于问题，问题来源于情境。让学生浸润在模拟的真实情境中，可以促使他们把新经验整合到先前知识结构中，找到适合的连接点，使得前概念得以进化。因此，可以利用图形、动画、视频等可视化资源展示或模拟现实，再现生活中的真实情境，促进学生进入身临其境的问题环境，连接和重组先前知识。当学生对情境产生理解后，发现情境中的信息与原有认知结构的不和谐，就会产生认知冲突。为了解决认知冲突，学生展开讨论，利用思维导图、标签云等绘图工具支持分析过程、可视化思维，从而促进他们思维的发展。

（2）探究阶段：方案规划、事物模拟与数据分析可视化

针对科学探究过程的探索阶段，网络学习空间可以支持方案的可视化规划、事物的可视化模拟及数据的可视化分析。在设计方案环节时，学生在教师的引导下提出探究思路，制订研究计划。在观察或实验之前，学生要清楚地知道作什么实验、实施实验的顺序和细化的步骤，在这个过程中利用流程图、思

维导图等思维可视化工具记录实验步骤。在检验假设环节，学生观察现象，记录数据，以检验最初的假设是否正确。在这个环节中，学生可以利用知识可视化工具中模拟呈现功能，在可视化的环境中获取信息；利用思维可视化的方法，对探究过程进行记录；利用电子表格对探究结果进行记录。在分析证据环节，学生可利用数据可视化工具将变量间的关系进行量化，形成定量关系，呈现实验结果图表。

（3）形成结论阶段：成果共享与观点交流可视化

针对科学探究过程的形成结论阶段，网络学习空间可以支持成果的可视化共享及观点的可视化交流。在形成结论阶段，充分利用思维导图、PPT 等形式进行探究的全过程中，以形成结论阶段最为重要。学习者可以利用各种概念建模的软件，将概念从抽象理解转化为可视化的图形图解，并通过学习平台进行交流。可视化的交流，可以促进学习者在交互过程中不断修正完善自己的科学概念，在交流中达成共识，并形成结论。

（二）基于网络学习空间的探究过程可视化实践

1. 设计

本书选择教育科学出版社出版的义务教育课程标准试验教科书中小学四年级上册“食物在体内的旅行”一课，以广州市 L 小学四（1）班和四（4）班学生为研究对象开展教学实践。“食物在体内的旅行”是一节观察型科学探究课，是学生学习完“身体的结构”“骨骼、关节和肌肉”等内容，对身体结构具有一定的了解之后所设置的教学内容。本书按照观察型科学探究“提出问题—猜想假设—观察记录—交流讨论—得出结论”的一般过程，综合运用网络学习空间中的可视化工具开展教学实践，具体思路如图 4-18 所示。

2. 过程

在研究假设阶段，教师引导学生使用网络学习空间中的云标签功能，实现探究思维可视化，如图 4-19 所示；在研究探索阶段，教师引导学生使用网络学习空间中的人体探秘功能，直观模拟人体的消化器官，如图 4-20 所示，实现交互式探究；在形成结论阶段，教师引导学生使用网络学习空间中的 iBooks 功能，展示拓展科学知识，实现科学知识可视化，同时使用网络学习空间中的 IClass 功能，实现评价数据可视化，如图 4-21 所示。

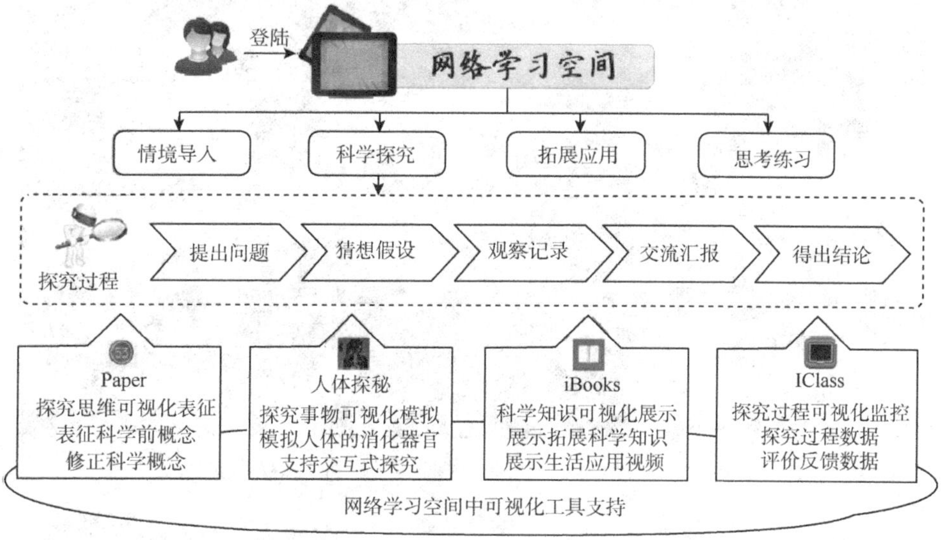

图 4-18　基于网络学习空间的科学探究过程可视化实践思路

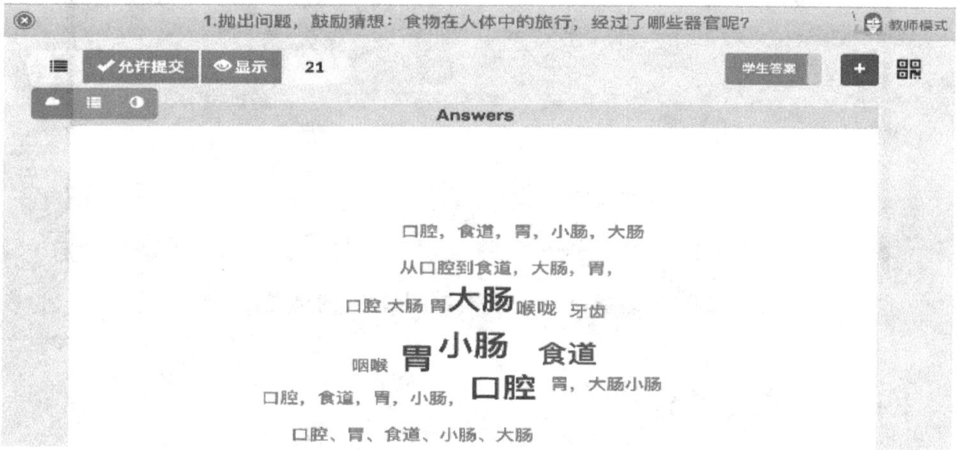

图 4-19　网络学习空间对“假设阶段”的可视化支持

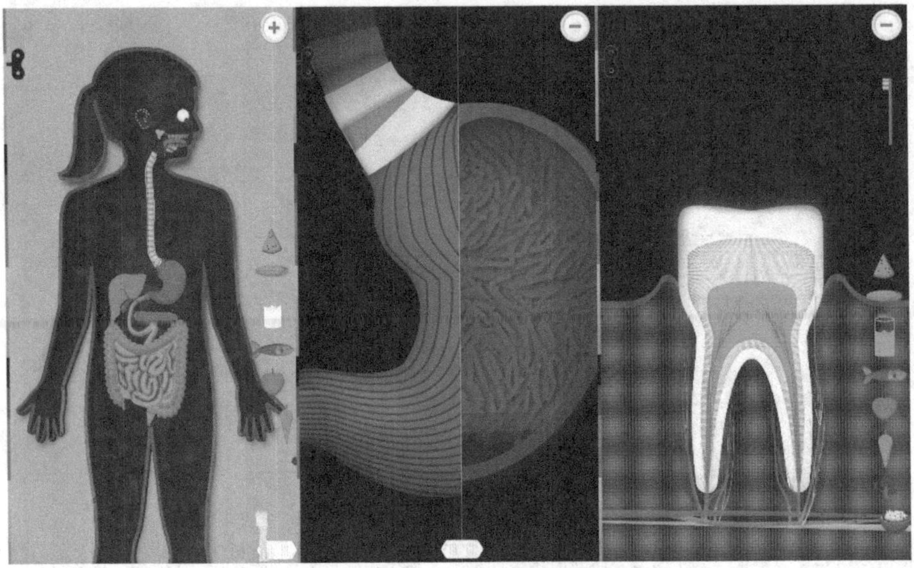

图 4-20　网络学习空间对“探究阶段”的可视化支持

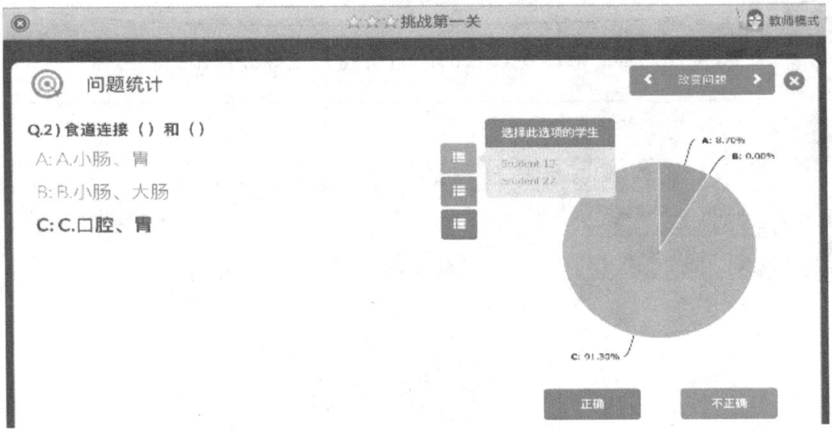

图 4-21　网络学习空间对“结论阶段”的可视化支持

四、实践效果分析

可视化是手段，知识生成是目的，网络学习空间对科学探究过程的可视化支持能够促进学生科学知识、科学观察能力和科学情感态度价值观的生成。本书根据《义务教育小学科学课程标准》，结合知识生成的相关文献，制定了小学生科学观察素养评价量表，如表 4-10 所示。以四（1）班和四（4）班学生为对象，从小学生科学知识、科学观察能力与科学情感态度价值观三个方面进行前测，确定无显著性差异后对四（1）班实施基于网络学习空间的科学探究过程可视化教学，后测数据分析如表 4-11、表 4-12 和表 4-13 所示。

表 4-10　小学生科学观察素养评价量表

项目	评价指标
科学观察能力	对科学观察的认识
	提出问题
	猜想假设
	观察记录
	解释与结论
	反思与评价
	表达与交流
科学情感态度与价值观	对科学观察的兴趣
	平等合作
	怀疑和批判
	尊重事实

表 4-11　科学知识后测数据独立样本 t 检验

方差方程的 Levene 检验			均值方程的 t 检验				
科学知识后测	F	Sig.	t	df	Sig.(双侧)	均值差值	SE
假设方差相等	4.711	0.035	4.057	50	0.000	1.156	0.285
假设方差不相等			4.127	44.117	0.000	1.156	0.280

表 4-12　科学观察能力后测数据独立样本 t 检验

方差方程的 Levene 检验			均值方程的 t 检验				
科学观察能力后测	F	Sig.	t	df	Sig.(双侧)	均值差值	SE
假设方差相等	0.327	0.570	3.044	55	0.004	2.372	0.779
假设方差不相等			3.049	54.851	0.004	2.372	0.778

表 4-13　科学情感态度价值观后测数据独立样本 t 检验

方差方程的 Levene 检验			均值方程的 t 检验				
科学情感态度价值观后测	F	Sig.	t	df	Sig.(双侧)	均值差值	SE
假设方差相等	11.432	0.001	6.097	55	0.000	2.447	0.401
假设方差不相等			6.162	41.758	0.000	2.447	0.397

科学知识后测数据中四（1）班科学知识均值差为 1.156。独立样本 t 检验结果如表 4-10 所示，Sig. 为 0.035，因此两个班级的方差差异显著。Sig.（双侧）=0.000<0.05，说明两个班级学生的科学知识掌握情况具有显著性差异。

科学观察能力后测数据中四（1）班科学观察能力均值差为 2.372。独立样本 t 检验结果如表 4-11 所示，Sig. 为 0.570，因此两个班级的方差差异不显著。Sig.（双侧）=0.004<0.05，说明两个班级学生的科学观察能力具有显著性差异。

科学情感态度与价值观后测数据中，四（1）班科学情感态度与价值观均值差为 2.447。独立样本 t 检验的结果如表 4-12 所示，Sig. 为 0.001，因此两班级的方差差异显著。Sig.（双侧）=0.000<0.05，两个班级学生的科学情感态度与价值观具有显著性差异。

实验结果表明，与接受传统教学的学生相比，采用网络学习空间开展可视化科学探究教学能够有效提升小学生的科学学习成绩，有效锻炼小学生的科学观察能力，有效培养小学生的科学情感态度与价值观，从而实现小学生科学知识、科学观察能力和科学情感态度价值观的生成。

五、研究结论

本书以助推教育信息化 2.0 落地应用为切入点，融入知识生成理念创新网络学习空间建设与应用范式，按照“理论演绎—实践验证—效果评价”的研究思路，综合运用文献研究、行动研究和准实验研究等方法，在理论层面，提出了新时代网络学习空间知识生成研究的主要内容，分析了网络学习空间知识生成研究的可行性；在实践层面，依托小学科学探究实践验证了知识生成视角下网络学习空间创新应用的有效性，形成了网络学习空间建设应用新范式。我们希望，知识生成视角下的网络学习空间建设应用新范式将有效助力国家创新人才的培养。

第五节 基于网络学习空间的好奇心培养①②

一、问题的提出

教育部发布的《教育信息化“十三五”规划》强调，要利用信息技术推进“众创空间”建设，探索 STEAM 教育③、创客教育等新型教育模式，使学生具有较强的信息意识与创新意识。创客教育是基于学生兴趣，采用项目式学习方式，利用数字化工具，倡导造物、鼓励分享。作为学生好奇心培养的主要方式之一，创客教育能够有效激发学生的好奇心，并可通过启发、引导等方式，将学生的好奇心物化产出。2017 年中共中央办公厅、国务院办公厅印发的《关于深化教育体制机制改革的意见》中明确指出，要“培养创新能力，激发学生好奇心、想象力和创新思维，养成创新人格，鼓励学生勇于探索、大胆尝试、创新创造”。好奇心作为学生创新精神与创新能力培养的先决条件，在一定程度上影响着学生的学业成绩与综合能力。

2018 年，为深入贯彻落实党的十九大精神，积极推进“互联网+”行动，教育部发布了《网络学习空间建设与应用指南》，从而规范了“网络学习空间人人通”建设，促进“网络学习空间人人通”有序发展，以加快教育信息化进程，以教育信息化引领与支撑教育现代化。网络学习空间作为一种集资源、服务、数据为一体的学习场所，能够为创客教学提供个性化的学习资源、学习过程记录、学习服务与协作交流平台、学习评价、管理工具等，能有效促进教与

① 杨晓彤，谢幼如，钟如光.网络空间支持的中小学创客教学模式研究. 电化教育研究，2017，38(01)：101-107.

② 杨晓彤. 初中生好奇心与创客学习的关系研究. 广州：华南师范大学，2018：6-52.

③ STEAM 代表科学（science）、技术（technology）、工程（engineering）、艺术（arts）、数学（mathematics）。STEAM 教育就是集科学、技术、工程、艺术、数学多学科融合的综合教育。

学方式的变革，促进学生好奇心培养。

基于此，本书通过厘清好奇心的本质、结构、测量与作用，构建网络学习空间支持的创客教学模式；通过开展教学实践，以期验证基于网络学习空间支持的创客教学模式培养学生好奇心的实践效果。

二、好奇心的相关研究

好奇心作为个体重要的个性品质一直受到哲学、教育学和心理学等领域内众多学者们的关注。目前关于好奇心的研究主要聚焦于好奇心的本质、结构、产生原因、测量，及其教育干预作用，尤其是在创新教育中发挥的作用。

（一）好奇心的本质研究

对好奇心的科学研究最早开始于 20 世纪初。受达尔文进化论影响，好奇心被认为是一种人类和部分动物都具有的本能，是认识事物的一种简单冲动，它支配和维持意识，诱发机体去活动，以充分熟悉该物体。20 世纪 50 年代以后，受动机认知观的影响，心理学家们开始从认知的角度来分析好奇心的实质。动机的认知论强调认知的动力作用，认为人们的认知是一个从平衡到不平衡再到平衡的动态过程。

众多研究中，好奇心往往与多个心理学概念相混淆。D. E. Berlyne 认为，好奇心是人类动机的重要体现，但与内在动机经常混淆。[①] R. M. Ryan 等认为，似乎没有任何一个其他现象比内在动机更能反映人类本性中寻求新鲜和挑战的原始趋势。[②]张春兴认为，好奇心是人类在求知的过程中所表现出来的最原始内在动力，是促使个体发现、观察、探究、质疑新奇事物的最基本溯源，是能够让个体获得对环境中诸般事物了解的一种原始性内在冲动。[③]20 世纪 70 年

① Berlyne D E. Conflict，arousal，and curiosity. New York：McGraw-Hill Publishing Company Ltd.，1960：7-23.

② Ryan R M，Deci E L. Self-determination theory and the facilitation of intrinsic motivation，social development，and well-being. American Psychologist, 2000，55（01）：68-78.

③ 张春兴．教育心理学．杭州：浙江教育出版社，1998：93.

代后，研究者们逐渐认识到把好奇心仅仅当作短暂的动机状态加以研究的局限性，他们开始越来越多地从个性特质出发探讨好奇心，认为好奇心既有状态的成分也有特质成分。状态好奇心表现的是短暂的、变化不定的动机性质；特质好奇心表现的则是稳定的、持久的个性特征。同时，在诸多研究中，好奇心常常与有趣性、追求新颖性、开放性等概念混淆。

通过以上分析，我们发现好奇心表现为对新颖事物感兴趣，更对其持有一种开发和包容的态度，具体包括两层含义：一是接受未知，而不是恐惧和拒绝，这会带来更多的精力、时间的投入；二是对新知识新能力的追求。因此，当人们感到好奇的时候，他们便会在某件事情上投入更多的时间和精力，处理、加工信息将会更为深入，从而更有可能坚持任务直到目标的达成。

（二）好奇心的结构研究

关于好奇心的结构研究，不同领域的研究者根据自身的认识，有不同的观点与看法。如 D. E. Berlyne 根据不同反映对象的差异，将好奇心分为知觉性好奇（perceptual curiosity）和认知性好奇（epistemic curiosity）。[①]知觉性好奇是由新异的视觉或听觉上的刺激引起的，主要描述动物的探索性行为；认知性好奇是由知识上的不确定性所引发的，激发个体提出疑问，寻找答案，最终获取知识。认知性好奇主要有三类反应：①观察，包括将客体置于外在情境中，引出学习过程；②思考，包括有成效的、创新性的思考，个体将新知内化；③求教，接受外界可见刺激，包括提问、写作、阅读。R. Langevin 根据好奇心的表现形式，将好奇心划分为好奇心状态 (state curiosity) 与好奇心特质（trait curiosity)。[②]好奇心状态指在特定情景下的好奇心；好奇心特质则指体验好奇心的一般能力或者倾向。T. B. Kashdan 等在此基础上进一步深化发展好奇心特征，并将其分为探索性（stretching）和接受性（embracing）两个类别。[③]李天然和俞国良根据刺激的对象，将好奇心分为人际好奇心与物理好奇心。人际好奇心

---

① Berlyne D E. Curiosity and exploration.Science，1966，153（3731）：25.

② Langevin R. Construct validity of sensation seeking and curiosity measures of normal and psychotic subjects. Canadian Journal of Behavioural Science，1976，8（03）：251-262.

③ Kashdan T B，Gallagher M W，Silvia P J，et al. The curiosity and exploration inventory-II：Development，factor structure，and psychometrics. Journal of Research in Personality，2009，43（06）：987-998.

主要研究好奇与情绪敏感性、人际关系满意度的相关关系；物理好奇心的相关研究主要以探索客观环境的好奇为主。①

在本节所提到的好奇心主要是指特质好奇心，它是指认可、探究，以及寻找新颖的、有挑战性和不确定性刺激的强烈意愿，具体包括接受性（embracing）和探索性（stretching）两个维度，其中接受性是指接受日常生活中的新异、不确定、未知事物的意愿，探索性是指主动追求新的信息或经验的倾向。

（三）好奇心的测量研究

关于好奇心的测量可以分为实验方法与非实验方法。实验方法主要测量状态型好奇心，被试在实验室环境下受到两到三个不同新异刺激，然后主试记录被试自由探索的时间、选择性注意力等要素，据此来获取其好奇心程度。如 D. E. Berlyne 通过实验研究方法，探究不同情境与好奇心之间的关系。②非实验室研究方法主要测量的是特质型好奇心，按照评价主体的差异可以分为自陈报告与教师同伴互评等方式。如 R.Hogan 等通过邀请心理学博士及教师，确定冒险精神、精力充沛、乐观、具有想象力、兴趣广泛等维度的小学生好奇心自测清单，并积极开展应用实践。随后，自陈报告逐渐演变成一般性的特质表现描述与一类具体事务的罗列。③

目前关于好奇心的测量主要采用量表测量的方式。如胡克祖等运用探索性因子分析和验证性因子分析方法，编制了具有好问、探索持久、敏感、喜欢摆弄、关注未知和好奇体验等特质的"3～6 岁儿童好奇心教师评价问卷"; E. Olson 根据学生的个性发展特征与需求，编制了初中生的"特质型-状态型好奇心问卷"；④F. D. Naylor 结合十年级以上学生的真实情况，编制了状态型及特质型好奇心的"墨尔本好奇心量表"（melbourne curiosity inventory，MCI）。⑤关于特

---

① 李天然，俞国良. 人类为什么会好奇?人际好奇的概念、功能及理论解释. 心理科学进展，2015，23（01）：132-141.

② Berlyne D E. A theory of human curiosity. British Journal of Psychology，1954，45（03）：180-191.

③ Hogan R，Greenberger E. Development of A Curiosity Scale. Report No.32.Academic Achievement，1969：23.

④ Olson E. Measurement of curiosity in junior high school students. Iowa：Iowa State University，1986：23-47.

⑤ Naylor F D. A state-trait curiosity inventory.Australian Psychologist，1981，16（02）：172-183.

质好奇心的测量，T. B. Kashdan 等修订得到“好奇心与探索力量表”（第二版）（curiosity and exploration inventory Ⅱ，CET-Ⅱ），该量表主要测的是好奇心特质的两个维度：接受性与探索性。[①]它在中国香港、波兰获得研究者的广泛接受与使用。基于此，本书中关于好奇心的测量主要改编美国的 CET-Ⅱ量表。

（四）好奇心的作用与培养策略研究

我国心理学与教育学研究者进行了大量的好奇心促进学习与教学的理论与实践研究。相关研究表明，好奇心能够有效提升学习成绩、增强人际关系、促进大脑发展、帮助克服焦虑、提升自我幸福感、促使形成开放心态，同时好奇心还被看作是心理健康的重要标志，并与抗压能力、满意度、智力等因素密切相关。

新加坡学者研究表明，高好奇心对应了更高的课堂参与度与投入率，从而产生了更好的教学效果；保持较强的好奇心可以促使人们的社交生活更为丰富、有趣；可以拉近人们之间的人际距离，增加更多的社交机会，从而增强人际关系。同时，当人们的好奇心被激发时，其记忆区域也将会受到刺激，从而保持持久记忆，预防大脑退化。此外，保持对陌生人的好奇感与兴奋感，能够帮助个体面临焦虑情绪时采用更为积极、乐观的方式处理。

学生好奇心培养是一项系统性工程，不仅需要在社会上形成良好的氛围，也需要教育工作者认真践行。学校作为学生好奇心培养的主阵地，在教学方法与手段、教学过程、教学评价等方面都应合理规划设计，以提升学生好奇心水平。

在教学方法与手段方面，采用头脑风暴法、模拟演示法等教学方法，利用图片、音频、视频等多媒体教学手段能够有效引发学生注意力，激发学生的兴趣，从而培养学生的好奇心。在具体教学过程方面，教师首先应在教学中营造平等的气氛，让学生敢于发表自己的想法；其次通过对话互动等形式，组织学生展开想象，畅所欲言，从而培养学生的好奇心。在教学评价方面，应以学生自评、互评为主，教师、家长评价为辅，量化评价与质性评价相结合等多样态的评价方式评价学生，以保持学生的学习热情。此外还有研究者从学科教学的

---

① Kashdan T B，Gallagher M W，Silvia P J，et al. The curiosity and exploration inventory-II：Development，factor structure，and psychometrics. Journal of Research in Personality，2009，43（06）：987-998.

角度探讨在具体学科教学中如何促进初中生好奇心的培养。如在初中物理教学中，教师可从加强实验研究、引导学生留心观察、教会学生逆向思维、教会学生打破定向思维等方面激发和培养学生的好奇心；在初中数学教学中，利用创造和谐的教学环境、丰富的多媒体课件、鼓励学生动手操作等途径，也有利于学生好奇心的培养。

三、基于网络学习空间的好奇心培养

（一）网络学习空间支持的创客教学模式理论分析

1. 好奇心特征理论

20 世纪 70 年代后，研究者们逐渐认识到把好奇心当作短暂的动机状态加以研究的局限性，后来越来越多的研究者开始从个性特质出发探讨好奇心。他们认为状态好奇心表现的是短暂的、变化不定的动机性质；特质好奇心表现的则是稳定的、持久的个性特征。具有好奇个性的人倾向于识别、追求新的知识和经验，他们更愿意处理不确定和模棱两可的事情。好奇心特质使个体对他们感兴趣的事物产生较高程度的参与，这直接导致了好奇心特质与认知行为、身体健康、幸福感等密切相关。认知行为一般包括应用知识和认知技巧学习、解决问题以及达成个人或社会文化制定的目标，还包括从以往经验中学习以及适应不同的情景要求。具有好奇心特质的个体，对许多想法和观点感兴趣，使其有能力应对新奇与不确定性以及解决从未遇见过的问题。

2. 人本主义学习理论

人本主义理论来源于美国，马斯洛和罗杰斯是其代表人物。人本主义强调以人为中心。人本主义教学观认为，教学过程应该以学生为中心，让学生自己决定如何学习，教学内容应该强调学生的直接经验，同时在学习过程中倡导学生的自我评价。人本主义对学生直接经验以及学生自我实现的强调与创客学习不谋而合。创客学习不同于传统以教师为中心的教学方式，重视学生学习的主观能动性，鼓励创客教师抛出问题而不是答案，提供资源和思路而不是解决方案，重视学生探索过程而不是最终结果。而好奇心是引发学生接受未知、勇于探索、不断试误的动力源泉。具有强烈好奇心的学生更能够对学习内容保持较为长久和强烈的注意力，积极参与到学习与探索过程中，而主动探索的结果带来的成就感和自我实现的认可反过来又可以促进创客学习。

3. 项目化学习理论

项目化学习（project-based learning，PBL）又叫基于项目的学习，指围绕某个具体的学习项目，充分选择和利用最优化的学习资源，在实践体验、内化吸收、探索创新中获得较为完整和具体的知识，以形成专门的技能和得到充分发展的学习。项目化学习是一种强调以学生为中心、学科交叉、协作学习、自主探究以及真实情境和生活实践相联系的学习模式。创客教育研究者普遍认同项目化学习是创客教育的主要学习形式。创客教学强调与真实生活情境的相关性，学生围绕设计和创造有创新性的人工制品开展学习活动，以将学生的创意转化为创客产品。

（二）网络学习空间支持的创客教学模式的构建

1. 中小学创客教学流程的分析

具有创新性的人工制品是学生好奇心物化的结果，也是创客教学最显著的特征，因此，中小学创客教学流程应以创客作品的创作过程为核心环节。创客作品的形式多样，如电子产品、工艺制品、影视作品等。创客作品的创作过程是一个从产生创意构思、设计并将其转化为实物，最后进行展示交流的完整过程。首先，根据创新教育理念，创客教学应注重学生创新思维方式的培养，引导学生从不同角度看待问题，提出不同寻常的想法。其次，根据设计型学习理念，创客作品的设计过程应具有迭代性，在作品制作中检验设计的合理性与有效性，并不断修改完善设计方案及作品。再次，学生通过小组合作，将设计落实到具体的动手操作过程中，以完成创客作品的创作。最后，创客教学强调作品的展示和分享，通过作品展示、交流创意、激发灵感，构建共创、共享的创客学习氛围。

创客教学不同于传统教学，传统教学重视知识的传授，教师根据课程大纲确定教学内容；创客教学则强调在“做”中“学”，为“做”而“学”。“做”是为了解决真实的生活问题，创客教学采用基于项目的学习方式，学生根据教师创设的情境，通过反思生活经验发现问题，并基于问题确定项目主题。在创客作品创作完成后，学生通过评价和反思不断优化创客作品的设计，加深对创客学习中知识和方法的理解与认识。本书根据上述理论研究，以学生好奇心培养为目标，基于对创客作品创作过程的分析，提出以“创意构想（thinking）—迭代设计（designing）—作品创作（creating）—发布分享（sharing）”为核心环节的中小学创客教学“七步”流程，具体如图 4-22 所示。

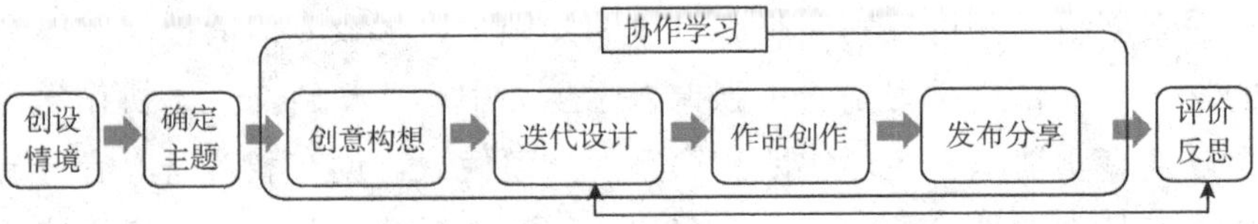

图 4-22　中小学创客教学流程

1）创设情境。教师利用多媒体资源创设真实复杂的生活场景，引起学生注意，激发学生好奇心。

2）确定主题。学生以小组为单位，根据学生的学习兴趣，结合对生活的观察和思考，提出问题并确定小组项目学习的主题。

3）创意构想。学生针对主题运用发散思维自由联想，以寻求具有创新性的想法。

4）迭代设计。学生综合运用所学知识，利用设计工具进行创客作品设计，建立模型并绘制设计图。

5）作品创作。学生利用开源硬件、3D 打印、手工工具等创作工具，将创意设计变成实物。

6）发布分享。学生利用网络发布创客作品，展示并分享其创意构想、设计思路以及制作过程。

7）评价反思。学生对作品自评和组间互评，进行自我反思，不断修改完善作品。

2. 网络学习空间的创客教学模式构建

教学模式是指在一定的教育思想、教学理论和学习理论指导下，在一定的教学环境和资源的支持下，教与学活动中各要素之间的稳定关系和活动进程的结构形式。网络学习空间能够为中小学创客教学提供各类学习资源、各类创客工具，实现线上线下创客空间的连通。具体来说，网络学习空间能够为创客教学提供真实情境、个性资源，满足交流沟通需要，提供设计工具以及实现作品的发布与评价。

1）情境创设。教师利用网络学习空间上的视频、动画、案例等交互性的媒体资源创设问题情境。

2）提供学习资源。网络学习空间提供微课、课件等学习资源，学生可以根据自己的创作需要选择相应学习资源进行自主学习。

3）支持即时和异步讨论。网络学习空间的互动平台能够支持班级内外的即时和异步讨论，能够支持组内学生的协作学习，还能够支持学生作品的共享与互评以及与社会创客的互动，以实现多维互动与共创。

4）提供设计工具。网络学习空间提供画图软件、线路图绘制软件等设计工具。

5）提供创作工具。网络学习空间提供图形化编程环境、视频录制、编辑工具等创作工具。

6）作为发布平台。学生利用网络学习空间将作品发布到社会创客空间。

7）提供评价工具。网络空间提供量化评价工具及基于讨论空间的过程性评价工具。

通过上述分析和研究，可以构建基于网络学习空间的创客教学模式雏形，具体如图 4-23 所示。

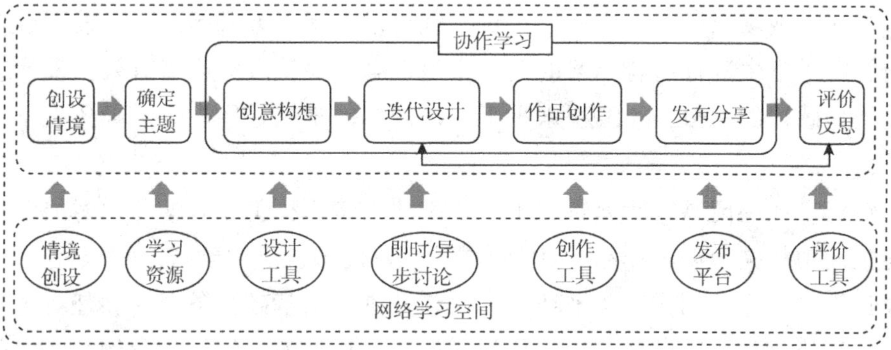

图 4-23　基于网络学习空间的创客教学模式雏形

3. 网络学习空间支持的创客教学模式完善

本书研究团队联合广东省佛山市南海区教育局的创客教学研究团队，依托该区某实验中学校本课程中的“Arduino 中传感器的应用”专题作为创客教学的设计、开发和应用案例，进行两轮教学实施，不断收集和分析数据，征求教师和学生的意见，对基于网络学习空间的创客教学模式进行优化完善。

（1）第一轮教学实施——初步探索

第一轮教学实施以该校初一（2）班为实验对象，该实验班同学均具有对 Arduino 套件以及 Scratch 可视化编程的基本了解。教师根据网络学习空间支持的创客教学模式雏形进行教学设计，基于“朝阳学堂”平台在创客教学中开展相应的学习活动和教学活动。

在课堂教学过程中，教师首先将课前收集的各类传感器及其应用案例上传到“朝阳学堂”平台并推送到学生的客户端供学生观看。学生反思生活体验，思考生活中的哪些问题可以利用 Arduino 套件以及各种类型的传感器元件制作成的电子作品来解决，并根据问题确定小组学习的主题。学生以小组为单位，利用平板上的绘图软件绘制元件组接图以及线路图，构思代码逻辑，充分考虑设计的可行性后，按照设计图动手编写代码，完成创客作品，同时不断与教师和同学讨论，以修改完善设计方案。其次，学生以演讲的形式向所有同学展示作品，并将展示过程录像上传至“朝阳学堂”平台。最后，学生利用网络学习空间的评价表进行自评和组间互评。第一轮教学实验完成后，研究者通过师生访谈、课堂现场记录进行分析、评价。综合以上评价方式的结果，发现存在以下问题：①学生进行创客学习的兴趣不足，学习动机没有得到有效激发；②学生关于传感器的 Arduino 编程水平不一，创客教学缺乏层次性，导致教学效率较低。

针对存在的问题，研究者提出了以下改进策略：①在教学开始时展示社会创客空间中相关的创客作品及其分享视频，以此激发学生学习的积极性；②“迭代设计”与“作品创作”两个环节按照任务难度由基础任务到提高任务再到拓展任务逐级进行。基础任务以模仿学习为主，模仿教师展示的案例，在实际动手操作中掌握传感器的基本编程知识。提高任务到拓展任务对学生的创新程度要求逐步提高，拓展任务要求学生利用 Arduino 套件与多种传感器元件，创新性地解决自己发现的生活中的实际问题。

（2）第二轮教学实施——改进完善

第二轮教学实施以该校初一（3）班为实验对象，该实验班同学基本了解Arduino套件以及Scratch可视化编程的操作。

与第一轮研究相比，本轮教学实施中，学生的学习兴趣被有效激发，通过教师创设的情境，相比于第一轮教学实践，学生提出了更多具有新颖性和价值性的创意构想。教师在展示传感器应用案例的同时，提供了案例的具体设计方案和编程思路，学生根据自身情况可以选择先模仿案例进行创客作品的制作，再尝试改进原有设计，进而提出自己的创意构思。通过对授课教师的访谈和对课堂的观察，研究者发现，学生在进行作品展示时普遍缺乏基本的演讲和展示方法，不能流畅地展示出作品的设计思路和制作过程。

针对教学实施存在的问题，教师补充了网络空间的学习资源，提供了国内外创客空间链接及其他创客作品的展示视频，为学生进行创意构思提供启发和帮助。同时，教师在课堂提供演讲和进行汇报展示的一般方法，如可以从构思来源、设计方案、特色亮点等方面对自己的创客作品进行展示。

（3）模式完善

通过两轮教学实施，研究者修改、完善了基于网络学习空间的创客教学模式雏形，形成了如图4-24所示的教学模式。该教学模式具有以下特色与创新。

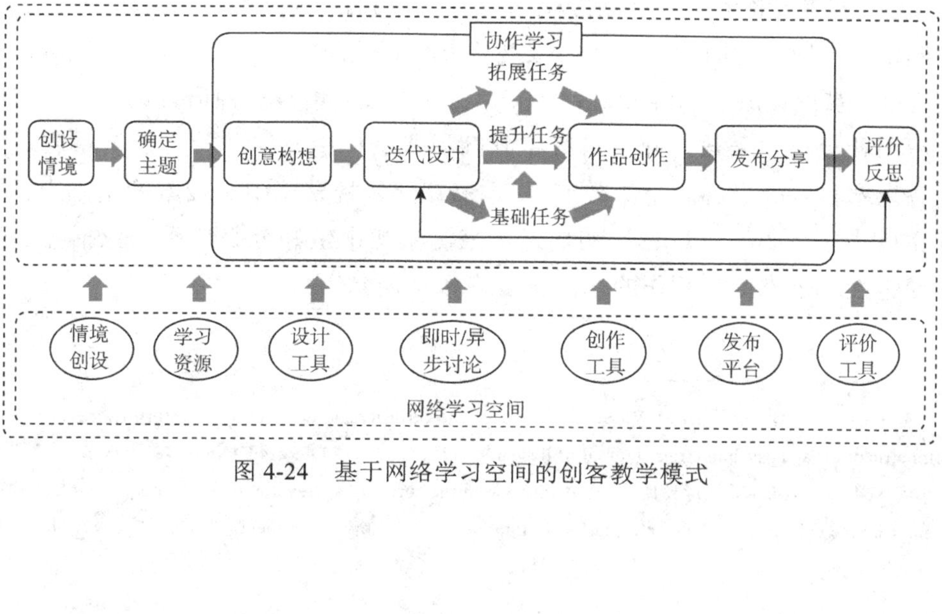

图4-24　基于网络学习空间的创客教学模式

1）该模式在好奇心特征理论、人本主义学习理论、项目化学习理论指导下，按照以创客作品创作的“TDCS”（创意构想—迭代设计—作品创作—发布分享）过程为核心环节的中小学创客教学“七步”操作流程，采取基础任务、提升任务、拓展任务的迭代设计范式，具有较强的针对性和可操作性。

2）该模式以网络学习空间为支撑环境，并将网络学习空间在创客教学中的功能作用具体化，通过提供创客教学资源、创客设计、创作和评价工具，结合线上线下创客空间，进而打通创客教育课内外教学，连通社会创客，实现创客教学效益的最大化。

3）该模式在网络学习空间的支持下，通过创客教学模式，将学生的好奇心有步骤、有节奏地转化为创客作品，使学生的好奇心得以充分发展。

四、培养效果分析

（一）评价指标体系构建

本节采用的“好奇心特质量表”改编自“好奇心与探索力量表”（第二版），该量表是美国乔治梅森大学的心理学教授 T. B. Kashdan 与 M. W. Gallagher 于 2009 年在第一版量表的基础上修订而成的。该量表测量了好奇心的两个维度：探索性，即具有探索知识和新经验的动力；接受性，即接受日常生活中的新异、不确定、未知事物的意愿。两个维度各五个题项。[①]该量表在已有研究中信效度良好，被翻译成塞尔维亚语、中文、日文、波兰语等多种语言。香港城市大学应用社会科学系教授叶盛泉等将其翻译成繁体中文，并验证了该量表对中国香港本科生好奇心测量的效度。[②]本书在叶教授繁体中文版本的基础上，修订完成“好奇心特质量表”初稿，用来测量初中生好奇心特质，包括接受性与探索性两个维度，所作的修改主要有以下两点。

---

① Kashdan T B，Gallagher M W，Silvia P J，et al. The curiosity and exploration inventory-II：development，factor structure，and psychometrics. Journal of Research in Personality，2009，43（06）：987-998.

② Ye S Q，Ng T K，Yim K H，et al. Validation of the curiosity and exploration inventory－II（CEI－II）among Chinese university students in Hong Kong. Journal of Personality Assessment，2015，97（04）：403-410.

1）将繁体中文改为简体中文。

2）修改个别用词，以更适合内地初中生的语言习惯和年龄特点。如将第 1 题的“资讯”改为“信息”，第 2 题及第八题中的“变数”改为“变化”，第 8 题的“工作”改为“事情”，具体题项如表 4-14 所示。

表 4-14　好奇心特质量表题项

序号	描述
A1	在新环境中我会积极地寻求更多的信息
A2	我是个喜欢日常生活充满变化的人
A3	我善于处理复杂或具有挑战性的事情
A4	无论我去到哪里，我都会寻找新的事物或体验
A5	我把具有挑战性的情境看作成长和学习的机会
A6	我喜欢做有点令人惊讶的事情
A7	我常常在寻找一些经验，来改变我对自己及这个世界的看法
A8	我喜欢充满变化及刺激的事情
A9	我经常寻找机会来挑战自己，令自己成长
A10	我乐于接触及接受不熟悉的人、事和地方

本次问卷以佛山市某中学初一（2）班作为初中生好奇心特质量表的初试对象，共回收问卷 46 份，其中有效问卷 44 份。利用 SPSS22.0 软件进行项目分析及信度分析并测试问卷的信度及效度，作为选取正式问卷题项的依据。本量表采用李克特五点计分法，其中 1 为“非常反对”，2 为“反对”，3 为“不确定”，4 为“同意”，5 为“非常同意”。

项目分析（item analysis）是指通过求出问卷个别题项的临界比率值（critical ratio，CR），判断预测试卷中各题项对于不同被试的鉴别程度。分析结果表明，该问卷 10 个题项（A1—A10）临界比率值均达显著（$p<0.05$），如表 4-15 所示，说明预测试卷中每个题项均具有鉴别度，即题目均能鉴别出被试的反应程度。

表 4-15　好奇心特征量表项目分析独立样本检验

序号	列文方差相等性检验			平均值相等性的 t 检验			
		F	Sig.	t	df	p	平均差
A1	已假设方差齐性	8.524	0.008	−3.639*	20	0.002	
	未假设方差齐性			−3.639	11.442	0.004	
A2	已假设方差齐性	8.329	0.009	−3.551*	20	0.002	
	未假设方差齐性			−3.551	13.030	0.004	
A3	已假设方差齐性	1.219	0.283	−3.131	20	0.005	
	未假设方差齐性			−3.131*	17.101	0.006	
A4	已假设方差齐性	3.146	0.091	−2.668	20	0.015	
	未假设方差齐性			−2.668*	14.098	0.018	
A5	已假设方差齐性	0.319	0.579	−2.440	20	0.024	
	未假设方差齐性			−2.440*	17.465	0.026	
A6	已假设方差齐性	2.591	0.123	−3.858	20	0.001	
	未假设方差齐性			−3.858*	14.045	0.002	
A7	已假设方差齐性	3.312	0.084	−4.715	20	0.000	
	未假设方差齐性			−4.715*	14.307	0.000	
A8	已假设方差齐性	1.253	0.276	−3.633	20	0.002	
	未假设方差齐性			−3.633*	16.458	0.002	
A9	已假设方差齐性	4.234	0.053	−4.443	20	0.000	
	未假设方差齐性			−4.443*	13.623	0.001	
A10	已假设方差齐性	3.807	0.065	−6.532	20	0.000	
	未假设方差齐性			−6.532*	15.376	0.000	

信度分析（reliability analysis）是为了了解问卷的可靠性与有效性。信度分为外在信度与内在信度两大类。在多选项量表中，内在信度是指每一个量表是否测量单一概念，同时组成量表题项的内在一致性程度如何。内在信度最常用的方法是 Cronbach’s Alpha 系数。如果量表信度系数在 0.90 以上，则认为量表信度甚佳，有学者认为如果研究者编制研究工具的信度低于 0.60，应重新修订研究工具。通过分析可知，接受性分量表（包括题项 A2、A4、A6、A8、A10）

的信度系数为 0.637，探索性分量表（包括题项 A1、A3、A5、A7、A9）的信度系数为 0.781，总量表的信度系数为 0.819。

初中生好奇心特质量表预试的项目分析及信度分析结果证明，该量表具有较好的鉴别度以及内在信度，故将其作为研究测量初中生好奇心特质的正式量表，其中，第 1、3、5、7、9 题得分总和为“探索性”得分，第 2、4、6、8、10 题得分总和为“接受性”得分。

（二）效果检验

在效果检验阶段，研究选取初一（3）班作为教学实施的对象。在开展教学实践之前，首先利用初中生好奇心特质量表对学生的好奇心初始水平进行测量，如表 4-16 所示。开展一个学期的教学实验后，利用初中生好奇心特质量表再对学生的好奇心水平进行测量，如表 4-17 所示。通过两次测量检验基于网络学习空间的创客教学模式在提升学生好奇心方面的实施效果。

表 4-16　好奇心前测结果描述性统计

序号	描述	*M*	*SD*
探索性		20.76	3.816
A1	在新环境中我会积极地寻求更多的信息	4.36	0.712
A3	我善于处理复杂或具有挑战性的事情	4.04	0.768
A5	我把具有挑战性的情境看作成长和学习的机会	4.16	0.721
A7	我常常在寻找一些经验，来改变我对自己及这个世界的看法	4.08	0.823
A9	我经常寻找机会来挑战自己，令自己成长	4.12	0.792
接受性		19.79	4.57
A2	我是个喜欢日常生活充满变化的人	4.11	0.958
A4	无论我去到哪里，我都会寻找新的事物或体验	4.19	0.827
A6	我喜欢做有点令人惊讶的事情	3.70	0.900
A8	我喜欢充满变化及刺激的事情	3.87	0.924
A10	我乐于接触及接受不熟悉的人、事件和地方	3.92	0.961
总分		40.55	8.386

表 4-17　好奇心后测结果描述性统计

序号	描述	*M*	*SD*
探索性		20.74	3.907
A′1	在新环境中我会积极地寻求更多的信息	4.37	0.611
A′3	我善于处理复杂或具有挑战性的事情	3.99	0.871
A′5	我把具有挑战性的情境看作成长和学习的机会	4.22	0.777
A′7	我常常在寻找一些经验，来改变我对自己及这个世界的看法	4.11	0.801
A′9	我经常寻找机会来挑战自己，令自己成长	4.05	0.847
接受性		20.07	4.677
A′2	我是个喜欢日常生活充满变化的人	4.20	0.817
A′4	无论我去到哪里，我都会寻找新的事物或体验	4.18	0.932
A′6	我喜欢做有点令人惊讶的事情	3.80	0.978
A′8	我喜欢充满变化及刺激的事情	4.14	0.856
A′10	我乐于接触及接受不熟悉的人，事件和地方	3.75	1.094
总分		40.81	8.584

由表 4-16 与表 4-17 可知，被试好奇心前测得分平均值略低于好奇心后测得分平均值（40.55<40.81），且后者得分分布较之前者更为集中（8.584<8.386）。学期前后两次好奇心测量中，探索性得分均高于接受性得分（20.76>19.79，20.74>20.07），且均更为集中（3.816<4.57，3.907<4.677），证明被试接受未知事物的意愿低于探索和寻找新经验的倾向。被试好奇心特质 10 个题项的平均值都在 3.5 以上。好奇心前测中，A6“我喜欢做有点令人惊讶的事情”、A 8“我喜欢充满变化及刺激的事情”以及 A 10“我乐于接触及接受不熟悉的人、事件和地方”的平均值在 4（“同意”）以下；好奇心后测中，A’3 “我善于处理复杂或具有挑战性的事情”、A’ 6 “我喜欢做有点令人惊讶的事情”、以及 A’10 “我乐于接触及接受不熟悉的人，事件和地方”的平均值在 4（“同意”）以下。

为了进一步探究好奇心两维度之间是否存在显著差异，以及好奇心前测与好奇心后测各维度是否存在显著差异，对接受性前测-探索性前测、接受性后测-探索性后测、接受性前测-接受性后测、探索性前测-探索性后测、好奇心前测-好奇心后测进行配对样本 t 检验，检验结果如表 4-18 所示。

表 4-18　好奇心前后测配对样本 t 检验结果

组别	前后测	M	SD	t	p
组 1	接受性前测	19.78	3.057	−5.935	0.000
	探索性前测	20.76	2.816		
组 2	接受性后测	20.05	2.955	−3.810	0.000
	探索性后测	20.74	2.701		
组 3	接受性前测	19.78	3.057	−1.088	0.278
	接受性后测	20.05	2.955		
组 4	探索性前测	20.76	2.816	0.087	0.931
	探索性后测	20.74	2.701		
总体	好奇心前测	40.54	5.384	−0.599	0.550
	好奇心后测	40.79	5.043		

如表 4-18 所示，探索性与接受性均存在显著差异，即接受性得分显著低于探索性得分，说明被试接受未知事物的意愿低于探索和寻找新经验的倾向。

通过比较两次好奇心的测量结果可以发现，好奇心在子维度上、总分上均不存在显著差异，说明好奇心特质是个体相对稳定的个性特质。

五、研究结论

特质好奇心是个体稳定的、持久的个性特征，但相关研究表明社会家庭环境以及教师具体的教学方法和手段等能够促进好奇心的培养。本节中前后两次的好奇心测量不存在显著差异，但被试好奇心后测得分平均值略高于好奇心前测得分平均值，且前者得分分布较之后者更为集中。可能的原因是一个学期的时间较短，学生的好奇心总体而言是稳定的心理特质，其改变是渐进式的。

同时，研究结论还表明，创客学习对接受性后测的影响大于对探索性后测的影响，即学生接受性得分总体低于探索性得分，学生具有更强烈的主动追求新的信息或者经验的倾向，而接受日常生活中的新异、不确定、未知事物的意愿较低。在基于网络学习空间的创客教学过程中，学生面临真实的、非良性结构的问题情境，而这些问题可能教师也无法提供解决办法，需要学生借助互联网，在教师的指导下，在与同伴的讨论、协作中不断试误，找到答案。这样的探索体验一定程度上降低了学生对于未知事物的恐惧心理，学生创作出的创客作品是其勇于拥抱未知、积极探索的实物性鼓励，这也能够进一步为其探索行为提供正向反馈。